序一

盧濱峰

原載於嘗試集第一卷

一九九五年十月間，我因爲向社會大眾介紹華府凱仁社的活動情形，先後寫了十一首報告性質的打油詩，不料經華盛頓新聞披露後，反應非常熱烈；於是集合同好二十餘人，於當年十一月五日聚會、組織了華府詩友社。當時會議決定每兩月出版『華府詩詞』一期（後改名爲嘗試集），並推選本人爲社長，會同副社長阮維新先生、姚慧英女士及顧問凌國治女士共同負責編輯。同年十二月二十九日，『嘗試集』第一期順利刊出，是爲『嘗試集』出刊之始。

時序倏忽，瞬已八年，『嘗試集』也出刊了四十期。事非經過不知難；刊物雖小，酸甜頗多。

先說酸的方面：

第一、華盛頓新聞雖然特具慧眼，大力催生了這一刊物，但他們無法免費提供我們太多的篇幅，每次收到的稿件卻又是非常的擁擠，斟酌取捨、頗費週章。於是每期皆有不少佳作割愛，令人深有滄海遺珠之憾。

第二、作者原稿之書法，各自鳳舞龍飛，並非人人可以輕易辨認，打字校對之繁瑣，其工作之負荷量，恒超過報社工作人員之承受，於是所謂『手民之誤』，在所難免。可是詩詞精短，並非同一般文稿，一字之差，有使詩詞面目全非者，更正不及，抗議時至，編輯委員會又自應負其咎矣（因之有多次逕以手寫稿刊登，以免校對之煩）。

第三、編委會或因平仄推敲，或因求善求美，有時對來稿不免作一二字之更動，但『老婆是人家的好，文章則是自己的好』，遇上從善如流的大量君子，天下太平，遇上個性堅強的朋友則不免大罵『何物傖父，膽大妄為！』此中酸苦殊少人知。

第四、早在一九九九年，前社友姚慧英女士，即建議將嘗試集前二十期訂為合訂本一卷，以垂永遠。但當時著眼在台灣印製，除往返校對任務非常繁瑣外，社內的短暫人事變遷，更加重了無限紛擾。直至詩友許翼雲，蔣孝瑛伉儷慨嘆詩友社連這件小事都辦不好，實在貽笑大方，乃毅然自告奮勇，獨自負責，主持招商，籌款，編印，及校對重任。於是方有今日嘗試集四十期共訂為第一卷之成就。事非經過不知難，在此又是一個更好的印証。

酸話說盡，但也有甜的方面：

第一、以文會友，應屬人間一樂，想不到我們這小小的『嘗試集』，竟令我們充份地達到了這個奢望。由於華盛頓新聞的含蓋面大，不特全美國，甚至兩岸的詩友也不時有人前來探詢，最令我們鼓舞的莫過於國學界兼科學界老前輩、也是國家元老的錫山樵翁（顧老毓琇）也曾經常爲本刊惠稿。其獎挹後進，傳播中華文化之盛情，令人感佩。而其餘入會詩友，或爲碩學鴻儒，或爲社會賢達，亦頗集一時之盛，濟濟一堂，譽滿華府。

第二、詩詞不僅是吟詠風花雪月而已，對於社會之風化，政經之臧否，自然亦有不得已於言者，兩岸當地之詩人每有所感，行文或有顧忌，本刊則叨在自由之美國，不論作者來自何地或何族，言論皆可享有充份之自由（但個人意見並不代表本社立場）是更爲可喜者也。

最後應該一提的，便是目前對舊詩有興趣的，多半是些上了年紀的人，在我們華府詩友社，尤其爲然。問題也就出在這裡；在這短短八年之中，社友們先後業已有八位辭世，（達全社四分之一），衆所週知者有顧老毓琇，姚女士慧英，楊先生叔進，阮將軍維新，董先生紹基，王先生方宇，張女士素坤（張捷遷先生夫人），及陳先生航。走筆至此，不得不特別向這幾位先生

女士致誠懇的哀悼。如果他們聽到了嘗試集終於完成了第一卷合訂本，雖在泉下，必也告慰

是爲序。

二〇〇三、十一、十五

序二

華府詩友社社長許翼雲

嘗試集是美國華府詩友社社友吟哦切磋的園地。華府詩友社是由華府一群愛好中國詩詞的朋友所組成。詩友社在一九九五年十月，經盧濱峰先生發起成立，迄今已有十二年歷史。社友們在單月的第一個星期日中午聚餐，討論詩詞，並把近作提交，以供互相切磋。詩稿經一個「編委會」討論過後，就在當地的『華盛頓新聞』以《嘗試集》名字發表。

華府詩友嘗試集，自一九九五年十二月二十九日首刊以來，到二零零七年底，已刊出七十四期。其中第一期至第四十期，已匯集成卷，在二零零三年十二月出版，是爲嘗試集第一卷。（華府詩友嘗試集詳細歷史，請參閱本書轉載自嘗試集第一卷的〈盧濱峰先生序〉）。本書則爲匯集過去四年，第四十一期到七十四期的合訂卷，是爲華府詩友嘗試集第二卷，各地愛好中國詩詞的朋友，如有興趣購買嘗試集的第一或二卷，可向本社網站〈http//www.poetry-chinese.com〉查詢。

嘗試集每期，均經編委會編審。編委會在盧濱峰先生領導下，對每期稿件都慎重商酌，任勞任怨，貢獻良多。茲謹將編委會成員大名列在卷末，聊表謝忱。

第二卷編排則由許翼雲，林佩娟，及張暢繁三人編輯小組負責。由於各期原稿分由當時負責人打字，每期編排格式，字體，及字形大小，均花樣繁多。將各期納入統一規格，殊非易事。幸有張、林二位，技術嫻熟，不辭辛勞，始得竣功，功不可沒。另，周涓女士協助將兩期重打，也在此致謝。

本書刊印前，承陳新雄，史固華兩位社友熱心接洽印刷廠家，並承陳新雄教授鼎力協助，洽妥由臺北文史哲出版社承印，至爲感激。

本書封面，由盧濱峰先生題字；畫面則由社友蔣孝瑛女士提供。由於今年丁亥年，故蔣女士特以『大家平安』一畫祝賀。

華府詩友社成立之初，有很多前輩碩學鴻儒參加，非但爲本社增色不少，更重要的是在提攜後進，言教身教，使後進們得益非淺。可惜老成逐漸凋謝，先後已有顧老毓琇、姚女士慧英、楊先生叔進、阮將軍維新、董先生紹基、王教授方宇、張教授捷遷及夫人、陳先生航、周先生子虞、王先生照光等，十位前輩謝世。本社後輩社友，在追念前賢之餘，謹以此書獻給各位前輩，以表去思。

嘗試集 第二卷 目次

第四三期

第四四期

第四五期

第四六期

第四七期

第四八期

第四九期

第五十期

第五一期

第五二期

第五三期

第五四期

第五五期

第五六期

第五七期

第五八期

第六十期

第六一期

第六二期

第六三期

第六四期

第六五期

第六六期

第六七期

第六八期

第六九期

第七十期

第七一期

第七二期

第七三期

第七四期

第四十一期

秋日湖畔

范道瞻

長堤日暮隱聞鐘，霜染楓林有醉容。
籬底寒花猶解笑，波心孤鶩忽無蹤。
溫同挾纊斜陽好，喜似投膠舊雨逢。
海上閑雲行不得，天西畫出兩三峰。

有感

端木訥

老人孤寂最難排，但願兒孫日日來。
兩翼已成鴻鵠志，心花不復向親開。

華府櫻花

許翼雲

一、蓓蕾盈枝探綠水，繁花重瓣映藍天。
芳華正盛風催老，舞困落英萎路邊。
二、櫻花雖艷欠幽香，驟雨狂風盡卸妝。
猶憶嚴冬明月夜，寒梅半樹吐孤芳。

傷春

明道廣

杜鵑爭艷滿園紅，櫻花桃李謝匆匆。
方才迎到新裝綠，已感送春接夏冬。

賀偉益兄嫂七秩雙壽

孔令和

比翼鶼鶼年又年，兒孫賢孝壽筵鮮；
稱觴歡慶雙佳偶，舉目爭崇兩謫仙。
七秩歲同情切切，三生緣定意綿綿；
福添南極星高照，春滿華堂月正圓。

贈飛將軍沈敏先生

孔令和

八八壽星才八斗，文章無敵詩千首；
高風雅度心常少，允武允文今少有。

賀偉益靜君兄嫂古稀成雙

盧濱峰

偉風亮節德同芳，益世情懷法界光；
靜守家規夫婦睦，君先典範子孫強。
古聞賢哲勤三省，稀見中西樂一堂；
雙壽美京傾冠蓋，慶筵百歲再稱觴。

晉見老師泉樂

王照光

不羨金錢不慕名，冰清澹泊自天成；
月明樓閣詩聲遠，日暖庭園桃李榮。
多藝多才書與畫，亦師亦友愛和誠；
迢迢會見匆匆別，紅水潺潺不勝情。

慈母庭訓

張文蔚

少時依寡母，慈愛促勤讀；
若非受感化，成敗殊難卜。

讀書樂

張文蔚

一貧如洗戀儒冠，作息堅持樂忘餐；
富貴利權人世愛，持身我獨不愁寒。

勉兒感懷二詠

周子虞

一、勉長男

吾子業醫年半百，溫良謙厚孝心兒。

如今大展懸壺志，正是花開結果時。

二、感懷二〇〇一年冬

逝水流光八四春，似迷似覺總難真。
暮年好比殘荷葉，留得餘香聽雨聲。

感懷二首

史固華

一、老伴痴呆劇可憐，離家住院度餘年。
悲歡交織憑誰訴，往事如煙已枉然。

二、傷心兒女不勝愁，反哺無由淚自流。
可憐慈母持家苦，一生辛勞未得酬。

憶江南・記三峽之旅

周子虞

一、三峽好，壯麗美難求。滾滾奔騰長江水，如虹氣勢向東流，青海是源頭。

二、三峽險，嚴峻怪石頑。水急崖危峰矗矗，倭奴強敵不能攀，保衛賴此關。

閱讀往時日記有感

周子虞

閱翻日記倚窗前，意寫周詳誌載全。
舊友誼深均紀在，親人義厚總連綿。
鄉關意境縈懷裏，故園情長想念牽。
秋雨春風多少事，流光逝水八旬年。

一九九九年夏於賓州大學小城

觀友人海景影集

林中仁

瀚海茫茫捲浪花，頑石斷木浴濤沙。
千翻雲聚愁風暴，萬變汪洋苦渡家。
退汐晚霞柔且靜，金灘夕照燦而華。
不聞潮響今觀畫，心韻猶存念邇遐。

蜀道難

林佩娟

昔聞蜀道登天似，今入岷山始信之，
山陡水低新闢道，石坍路阻乍驚時。
雲高天闊鷹騰翅，路窄峰迴車競馳。
命與懸崖爭咫尺，莫因分秒悔哀遲。

註：離此一週後有一旅遊車因超車翻落山坡。

初冬竹林練功

周涓

凋坪鎖白霜，釋盡見朝陽。
五老*因緣在，三生福壽長。
藍煙啣勁竹，綠水繞修篁。
六歲**童心淨，神仙只是常。

*五老：指五位六、七十歲的功友。
**練功時要想象自己六、七歲時的形象。

謁金門・訪中山大學文學院

周涓

煙雨淡，文苑幾絲柔翰。才子學人皆碩彥，座談融侃侃。
齊魯胸襟堪嘆，灼見真知交換。中外古今詩縱覽，盡抒真美善。

二〇〇二年四月六日於濟南中山大學學人大廈。

江城子

因世貿雙樓被毀，懷念六十年前母校湖南大學受日機轟炸往事

盧濱峰

四方警笛又盈空，刮腥風、似曾逢、歲月悠悠海外憶黌宮；遷校辰谿逃戰火，山疊疊，路重重。　日機尋至肆窮凶，俯低衝、亂彈轟、地覆天翻血染課堂紅！大難幸存餘噩夢，經甲子，痛猶濃。

第四十二期

敬賀沈敏（時聰）先生大作《美中台互動下的台灣趨勢》出版

盧濱峰

美中修好利全球，台海和平不易求；
伍氏公開反獨立[一]，陳君展轉計前途[二]。
宣言「大膽」添新易[三]，浪人小丑應知休；
時翁憂國三通策，當促雙贏定九洲！

註一：伍氏，指美國副國防部長伍佛維茨公開明言反對台獨。
註二：陳君，指陳水扁先生。
註三：大膽，指陳水扁總統在大膽島表示歡迎對岸領導人前來喝茶談判。

七七抗戰六十五週年紀念——賦三詠

周子虞

一、日寇進侵

日寇入侵如虎狼，中華兒女抗東洋；
蒼生億萬遭塗炭，八載苦戰歲月長。

二、抗　戰

日奴侵略我中國，全體同胞殲敵人；
我弱敵強無所懼，誓將血肉作長城。

三、最後勝利

日軍戰敗已投降，薄海騰歡喜洋洋；
東亞醒獅驚大地，和平相處共諧祥。

春　去

范道瞻

春去花如洗，油油碧草齊；
微風扶燕過，落日伴鶯啼。
漫浪身何托，遲回影自攜。
步隨流水遠，歸思海雲西。

註：漫浪，蘇詩：漫浪散窮愁。

近作題山水畫詩三首

毛　戎

一、深山訪友

訪友深山裏，深山景色明。幽徑絕人跡，
密林有鳥聲。潭澄魚競躍，崖險猿翻騰。
碌碌塵世事，惟此最怡情。

二、嶺側白雲

古木森森山隱隱，嶺西微雨嶺東晴。
輕舸野老垂綸處，閒看白雲嶺側生。

三、竹園茅屋

少小離家作遠行，漂流四海幾無成。
故國河山勝亦美，竹園茅屋寄餘生。

澳洲櫚灣夜

林中仁

客愁遙起櫚灣邊，棕影重重星滿天；
隱隱濤聲來枕底，化成清韻助幽眠。

天淨沙．旅思

林中仁

青天綠島金沙。櫚棕飛燕晚霞。淺浪孤帆酷夏。離人花髮，天涯何處是家。

註：南半球雖已是冬季，此處卻炎熱如夏。

往紐西蘭庫克山遇大雪

林中仁

雲摟山腰雪摟雲，迷雲隱霧兩難分；
雲開雪霽藍天現，始見山妍萬壑真。

海南吟稿三首

王澍

一、臨江仙．儋州吟

舊是蠻荒古郡，但知漁獵生涯。逐臣曾此暫安家，光榔庵蔽體，教化發奇葩。　新變旅遊勝地，賓朋中外交加。人文蔚起燦雲霞。東坡遺韻在，踵事日增華。

二、東坡書院口占

一從貶謫的儋州，苦雨終風總未休。
九死不忘施教化，蘇公德澤被千秋。

三、溫泉公園所見

咫尺之間兩眼泉，冰涼熾熱隔天淵。
憑君莫謾多驚異，事態人情無不然。

和詩二首

周　涓

一、步常國武教授原韻

雨後石城曉色開，英才聚會偌虛懷。
詩情記誦春秋意，佳句交流燕雁來。

附：常國武教授原詩

贈詩人周涓女史

霪雨乍晴大宅開，坐談詩藝敞襟懷。
嗟余老病無才思，聊賦俚語迎客來。

二、步鮑時祥教授原韻

泉城[一]雨洗淨，山大[二]遠囂塵。
文士遐思妙，詩家立意新。
神州逢益友，海外遇高人。
晚學虛懷谷，人生總是春。

註：一、泉城，山東省濟南市之雅稱。
二、山大，山東大學簡稱。

附：鮑時祥教授原詩

即興——與美國華府詩友社社長周涓女士座談

壬午清明 山大文學院

良辰來遠客，好雨浥輕塵。
詩道惟敦古，情懷應鼎新。
句開金石韻，花媚玉堂人。
白雪誰賡和，人間正晚春。

隨中杜兄謁王佐墓並步和原韻

王照光

一代賢豪墓塚丘，追懷雅士結群遊。
牌坊耀目揚忠義，王佐廉風萬古流。
長愧無名虧父老，尤傷去國任車舟。
平生喜得圓鄉夢，西閣傳杯話九州。

臨江仙・答王祕書長寄遠

王照光

鴻雁傳音驚旅客，雲開喜見晴空。高山臨水雅思同。黌宮詩韻逸，桃李沐春風。
兩地暌違年月遠，誼情牽掛西東。故鄉何處路迷濛，生如斷線鷂，常伴嶺頭松。

致七哥病後

許翼雲

兩度蹶跌午夜驚，匡時振弱太辛勤。
國無遠慮士先慮，兄不善行天健行。
井淺噪蛙猶作浪，林深孤鶴乏知音。
康強從此多休養，檢點文章留寸心。

時兮時兮何太少

明道廣

嘆生命有限書籍無窮

盛世文豪處處嬌，舞文弄墨競風騷。
殷勤著作牛充棟，方解始皇要書燒。

註：假宗元汗牛充棟之典，即太多之意。

現代詞・無題

凌國治

猶記那年月下，共駕小蘭舟，爲撈菱藕，擬探眠鷗，誤入荷田深處，休！休！楫落舟橫花影亂，團團轉，滴溜溜，星星頻眨眼，睡鳥驚啾啾。

一樣月明今夕，奈天涯人邈，景物非昔，噫！噫！嘆逝水不迴流，春去無跡。少年醇釀，唯注記憶。

第四十三期

壬午七夕

范道瞻

雙星破涕續前歡，驚曉天孫掩袂還。
離恨縱多非永別，情天不老勝人間。

敬步前韻

高亦涵

重度鵲橋相見歡，金風又送兩心還；
飛星神話歸天上，終古深情留世間。

亦步前韻

不晚齋

神仙世界四時歡，一嫁牛郎不欲還；
怠織天庭甘受貶，爲情寧願老人間。

註：古詩有（天若有情天亦老。）

讀陸游沈園詩詞

高亦涵

春風依舊到沈園。
年去歲來，
慣看百代過客，
世事滄海桑田。
行旅匆匆，幾人能解，
錯錯瞞瞞，留恨近千年。
塞外長城夢遠，
城南小陌路難。
縱鶯聲燕語，柳媚花妍，
怕看，
斜陽水綠，傷心橋邊，
驀見惊鴻照影，非复昔日容顏。

知音何處：
無主殘梅，樹梢啼鵑。
嘆玉骨墨痕，都歸塵土。
惟有終古深情，
長在人間。

敬弔顧老毓琇

盧濱峰

電機太斗一樵翁[一]，桃李環球滿地紅；
浙大清華欽絳帳，賓州麻省譽黌宮[二]。
詩詞百卷開新局，弟子三千孕總戎[三]；
華府詩壇昭後學[四]，期頤上壽弔仁風！

註：一、顧老別號一樵。二、顧老曾在上述各大學任教。三、指江澤民氏亦為顧老學生。四、顧老曾多次賜稿華府詩友社所辦（嘗試集）以勵後學。

暴風雨來襲

許翼雲

天低雲暗鳥無蹤，林葉齊翻抗勁風。
震地雷霆搖眾岳，劈空電閃走蛟龍。
雨奔萬馬摧強敵，風驟千濤撼列峰。
轉瞬洪消萬籟靜，晴空夕照映長虹。

秋日二詠

周子虞

一、流光如逝水，已是夜爲長。
桐葉飄庭外，秋風漸感涼。
二、黃葉飄飄，秋風蕭蕭。
黃飛歸雁，聲於九霄。

喜季子武元榮膺國際機械人學會副總裁

周子虞

季子生來智慧豐，不甘人後紹家風。
學而能展宏圖志，扳上電機最頂峰。

悼之樑弟

王照光，王之棟

生逢亂世避台灣，異域懸壺事業艱。
方慶功成身遽逝，三槐堂上淚斑斑。

頌尼阿瓜垃大瀑布（古體）

鄭楚材

神龍脫困東嶺巔，深穿幽壑破重堅。
傲游五湖三千里，騰掛牛城萬仞岩。
豪吞宇宙精靈氣，長嘯聲震九重天。
目閱人寰東西界，力挽加美左右弦。
御風擊流飛白鍊，滾濤翻浪起雲煙。
滌盡人間齷齪事，咆哮不平億萬年。

偶成

端木訥

昨夜得奇夢，醒來忘過半，
一心念家國，不覺歲月換；
垂老背未弓，每飯可滿碗，
異邦度餘年，兄弟各分散！

紐西蘭奇異鳥（新韻）

林中仁

無憂無懼更無敵，褐羽奇禽晝寢酣。
喙細耳聽啄飲易，目盲翼短躍飛難。
一朝狡獸來南宇，四野安巢失舊觀。
國鳥榮銜雖顯赫，瀕臨累卵爾何堪。

註：紐西蘭的多種獸類皆由歐人引入，生態環境為之一亂。

菩薩蠻・杜鵑花

林中仁

（坡上有新品種杜鵑，形似小玫瑰。細觀猶如一個個嬰兒的笑窩，純真可愛。）

翠光晴曙嫣紅簇，知更囀喚留春住。繽色遍盈坡，雛型異種多。一花一笑靨，稚子真心悅。歲歲綻苞開，年華不返來。

七夕

雁村

偶亦尋懷小圃阪，風林已辨客中秋。
牆藤瑟瑟凋餘蕊，野兔幽幽沒廢樓。
八九葉飛飄未定，兩三星熠語還休。
細思舊看星河處，卻較星河遠一洲。

秋思

雁村

颯颯秋來一徑靡，葉黃過後葉酥時。
起風節裡多飄落，降霧城中有悵思。
雁去星臨同隱隱，日升月沒並遲遲。
積懷誰謂有時盡，欲辨行程露已滋。

燈節憶舊

明道廣

急著催太陽下山，
嚷著看、走馬燈船。
那麼久才天暗！
拖著手、往前奔、只嫌老王走得慢。
磨肩擦踵、人聲嘩喧。
跕腳急跳、騎在大人頭上觀。
火龍、白駒、唐僧、八仙。
各顯神通、爭奇鬥艷。
扛得肩痛、婉聲道、累不？
強睜眼睛說不倦。
背上夢燈眠。

第四十四期

賦詩五首

沈敏

一、劉毅公使

劉家世系自彭城，毅力恆心百事成。
冷雨敲窗叮噹響，莫忘今夕歡欣情。

二、徐黎雯夫人

徐家東海源流長，黎庶平安慶健康。
雯彩滿天照吉第，美京美女香如蘭。

三、何曉慧副會長

何家世系自盧江，曉讀詩書暮學仙。
慧海明燈照吉第，和平統一欣欣揚。

四、鄭楚材醫師

鄭家世系出滎陽，楚國稱雄比眾強。
材自天生必有用，和平統一樂洋洋。

五、法制日報駐美首席記者趙廣俊先生

趙家天水源流長，廣見宏觀世代昌。
俊秀有爲居首席，樂勤敬業煥光芒。

甲辰七夕（一九六四舊作）

范道瞻

清冷風露旅亭秋，牛女逢時我欲愁。
歲歲雙棲謝靈鵲，迢迢一水隔神州。
辭枝墜葉歸根去，似淚星河拂檻流。
莫道人間勝天上，青天碧海恨悠悠。

踏莎行・登重修後黃鶴樓

不晚齋

西上瞿塘，東奔吳越，茫茫雲夢三千澤！
晴川歷歷一江秋，當年黃鶴飛曾憩。
橫槊阿瞞，泛舟遷客，風雲轉瞬飛灰滅；
於今何處最銷魂，跨江橋滿江南月。

離　懷

雁　村

暮至山城細雨霏，朝行未曉露光微。
無言秋水流寒去，欲語列車動軌催。
殘月五更鉤似許，迷群隻雁影何爲。
嗟余又向天涯遠，紅豆如珠伴淚垂。

現代詞・秋日山行

凌國治

天邊鑲錦繡，夕陽勻染山頭。
枯草迷芳徑，偶過迷鹿路悠悠。
眾鳥歸飛急，羈客獨行遲。
繽紛樹葉飄飄墜，依依戀故枝，
著地旋被風吹起。
狗兒不解傷離意，追之、撲之、瞠目傻兮兮。

點絳唇二首

周涓

獻給紀念蘇軾葬郟九百週年大會
中國第十四屆蘇軾學術研討

一、紀念三蘇，迢迢郟縣來償願。謁青墳顫，揮灑碑林嘆。研究東坡，灼見真知燦。靈氣煥，接蘇歌板，驅盡千山暗。

二、郟縣人靈，齊心大辦三蘇會。古今山水，一襲中華味。傍小峨嵋，居士長安睡。修竹翠，葉兒如穗，擦拭英雄淚。

七絕二首

周涓

一、欣逢南京春華詩社十五週年盛會

海外尋芳頻結社，不知故里有春華。
飛槎萬里終相識，細細吟詩細品茶。

二、參加中國韻文學國際學術討論會有感

穿雲破霧來商大，妙論佳文次第鮮。
交友尋師情切切，有緣再聚議新篇。

註：商大是重慶工商大學簡稱。商大文學院是今年中國韻文學國際學術討論會東道主之一。

秋葉

明道廣

秋來綠樹換新裝，遍野滿山映赤黃。
無情風雨不惜景，殘葉飄飄待雪霜。

耄年三詠

周子虞

一、八旬晉五遣懷

意馬心猿難以馴，多憂多慮總傷神。
胡思亂想自尋苦，最羨天真有福人。

二、譴懷

憶我昔年艱苦時，心勞日拙費神思。
迄今得解人生夢，應作糊塗應似癡。

三、老兵之感

憶我從戎十七載，悠悠往事總連綿。
老兵耄矣今猶在，百戰餘生話昔年。

凱仁老人中心京劇組定期聚唱記

莊生俞

傳來一片鼓琴聲，諒是票迷戲癮生。
旦淨鬚生皆自得，心神曠悅覺年輕。

魯壁

許翼雲

暴秦坑士焚書卷，孔孟學說幾斷弦。
魯壁倖存舊簡冊，儒學絕續一絲懸。

甲午海戰

許翼雲

劉公島上悼國殤，故壘秋風倍感傷；
主暗臣昏昧世事，敵強我弱失邊疆。
宮中祝壽人方樂，海上鏖兵戰未央。
紀念館中陳銹甲，頤和石船記荒唐。

註：據傳頤和園中之石舫，係移用海軍經費所建。

七絕五首

張文蔚

一、基督徒感言

天主造人盼樂成，亞當犯禁鬼魔伸。
生靈不解原來罪，疑信相參度此生。

二、佛經精義

夕陽天外燦雲端，信仕誦經欲永安。
財色人生皆虛有，整裝西去萬年歡。

三、回教精神

阿拉作主了無愁，嚴立教規戒信儔。
殺身殉道真神愛，九一一悲血滿溝。

四、懷念文博先兄

日趨病院探兄安，夜返旅居不克眠。
臨別依依今世恨，病軀遙誤別遺顏。

註：先兄文博將軍於一九八六年病歿台北榮總醫院，我先侍奉在側數週，返美後不數日他便去了，我因他而病臥，故未能返台北送葬，引為終身大憾。

五、夜行地中海東端

世事茫茫難覓閑，海中望月若登天。
悲歡離合多難定，好友同舟泛客船。

第四十五期

敬賀先榮、玉珍兄嫂古稀雙慶（冠頂格）

盧濱峰

先賢積德後賢良，榮譽文壇噪海洋；
玉潔冰清欽閫範，珍情厚愛泛慈光。
古崇金屋三生願，稀見華堂四菊芳*；
雙喜人間松鶴壽，慶筵百歲再稱觴。

註：是日慶筵，係由毛府四千金主辦。

賀毛戎先生七秩華誕

邢　煥

一、掄元高考八方珍，文教交流日又新；
不老南山長伴鳳，承歡膝下四千金。
二、毛鼎宜進延齡酒
戎裝且覺健壯身
三、身傳藝術桃李遍天下
名譟京畿師儒享鶴齡

弔江偉民教授

於華府北郊遠東飯店

曾　振

儀容何處覓嘆星沉華府
道義弗能聞哀月冷遠東
橫額：偉哉斯民

雪後

范道瞻

一、向晚驅車碾玉塵，無衣誰念辟寒人；
斜陽有意溫殘雪，要使窮冬變早春。

二、玉宇瓊樓照眼看，窮年塵土愛高寒；
何人共倚三珠樹，自古同心會面難。

現代詞・雪

凌國治

穹幕沉沉風舞絮，冉冉盈盈，著地堆瓊，入目山河皚皚，一片澄寧。

待晴光再現，溶落那粉妝素裹，還它世路原程，壁壘森森，濁流處處，囂塵彌漫，可憐無計致清平。

歸自謠・赴新疆支邊

凌曉華

星，仰望天遙昏似螢，人何處，今夕共此情。

詞三首：紅豆相思節

周涓

一、采桑子格二・詩詞大賽

同吟紅豆詩聲脆，兩小無猜。兩小無猜，浪打雷轟*，淚灑探監牌。　百般磨難終無悔，苦盡甘來。苦盡甘來，二老依依，同上賽詩台。

*浪打雷轟，指一九五七年的反右鬥爭。

二、江神子・祝願

相思紅豆擷一枝，幾行詩，喜相知。晴天霹靂*，棒下斷情痴。此後鍾情人送豆，方有意，又遭時**。

滄桑歷盡煥清姿，滿銀絲，善遐思。悠悠情債，飄渺渺雲馳。祝願年輕情侶順，南國夢，萬年芝。

*晴天霹靂，指一九五七年的反右鬥爭。
**又遭時，指遭到當時黨組織的干涉。

三、江南春．遊蘇州太湖西山鳳凰台

——敬贈姑蘇書法家陳文璋兄

煙渺渺，水茫茫。白橋三島綠，亭閣畫簷翔。桃花霞燦垂楊裊，紅豆新枝初吐芳。相會短，友情長。知音不易得，何況在天堂。生前身後千層浪，輕蘸湖水閑就章。

森明森妹返鄉執教贈別

許翼雲

耕讀並重不辭勞，身體力行意氣高。故土久荒待灌溉，斜陽影裏育新苗。

訪無錫東林書院故址

許翼雲

東林舊址念先賢，養氣培德義孝先。風雨書聲頻入耳，國家大事落雙肩。

*無錫東林書院為明代東林派起源地，重學風敦正氣，與宦官鬥爭，不屈而死者眾。院中有一名聯：風聲雨聲讀書聲，聲聲入耳；國事家事天下事，事事關心。

泰　山

許翼雲

千仞石級繞古松，連崗結嶺勢如龍。清泉出谷灌禾黍，五嶽獨尊仁者峰。

*在泰山頂峰有巨石，上刻**五嶽獨尊**四大字，而泰山碩大厚實，質而不華，有仁者風，且亦合仁者樂山之義。

暮鴉

賴忠文

萬里驚風卷白沙，橫空血海渡孤鴉。
一聲長嘯葉紛落，此夜飄零何處家。

過梧桐路

賴忠文

杈枒十里梧桐路，盡日塵紛黃葉飛。
卻有痴人獨散逸，笑拈黃葉不思歸。

九寨溝之旅

林中仁

潺瀝雷轟聲不同，千姿溪瀑綴林叢。
身臨九寨怡佳景，攀涉尋幽畫境中。

遊珍珠灘

林中仁

傾瀉飛泉千壑響，激流石漱轉急湍。
山靈盛意迎佳客，萬斗珍珠撒落灘。

訪葡有感

明道廣

葡萄王國產葡萄，阡陌縱橫多樹苗。
碉堡城牆存古跡，教堂聖殿獻燈膏。
鄉民敦厚農閑樂，石路崎嶇車旅勞。
海上強權曾擄掠，血腥兩手未全消。

和平統一頌

張文蔚

秦皇漢武定邊疆，一統宏規傲四方；
孔孟精神明善惡，和平仁愛睦家邦。

賀馬英九先生當選臺北市長

王照光

風雨飄搖悲世局，臨危一馬鎮京城。
國魂顯赫英豪出，樂見中興大業成。

頌葡萄（賀春節獻給第一代僑民）

鄭楚材

元枝砥礪勇攀登，綴雨禦風倍苦辛。
猶抗長時禽獸擾，盤藤結子展親情。

合唱團員的心聲（現代詞曲）

崇啟鎮

人生或有缺，不可缺音樂。
怡情治性愉身心，歌聲琴韻贊馮葉。
馮葉孚眾望，常青歌聲亮。
唱得四季歌如潮，唱得人人心花放。

註：常青合唱團成立於一九九九年。最初由裔國芳女士指導，後由馮葉女士接掌至今。

第四十六期

壬午除夕二首

范道瞻

一、天涯霜雪映寒枝，燈火千家笑語時。
能得平安纔是福，本來名位不如詩。
中流擊楫人誰在？下澤歸車計已遲。
剩欲馳箋迓新歲，蒼茫故國起沉思。

二、人間誰是歲寒枝？萬木蕭森正此時。
不見梅花空對雪，勤鑽故紙偶裁詩。
案頭曆盡閒方覺，天外書來報每遲。
慰藉客心唯雁足，何妨遠別試相思。

羊年自壽

不晚齋

七慶羊年八四春，匆匆歲月了無成；
詩書尙欲尋新意，忘卻人間老少心！

迎新歲

林中仁

縱橫霸主虎吞狼，火箭穿空鬥力强。
誰念生靈劫難苦？放歸戰馬牧群羊*。

*時值馬年羊年交替。

畫堂春・謹贈蘭亭吟長

闞家蓂

梅心兩度詠蘭亭，流觴再鷗盟。青衿耆宿話平生，袖拂蓴羹。

同是天涯倦

客，閒愁且托春酲。雲痕霞采已裁成，共織鄉情。

憶別（古體）

周子虞

兒將赴美日，萬語叮嚀詞。四勿與四要，必須緊記之。慷慨賦別離，欲言意尤遲。遠隔萬千里，珍重慎自持。別後歸途裏，黯然感神馳。吾女性至善，純孝重親思。如今忽離去，一去使我痴。歸來書案上，兒像看幾回。思量復思量，往事總縈迴。現已沖霄去，萬里展英資。喜看歸來日，承歡娛親時。

悼亡

端木訥

他生未卜此生休，六紀光陰似水流。
泛宅浮家憐共命，助人成事喜同遊。
眼前兒女當年願，昔日恩情夢裏儔。
小立蒼茫頻拭淚，獨留垂老不勝愁。

戒煙

端木訥

吐霧吞雲只自殘，更遺二手害人寰。
勸君慧劍從今斬，年少光陰不再還。

月夜澄懷

賴忠文

壬午中秋，道友瑞明索詩。因憶及南懷瑾先生金剛經三十二品偈頌第十一無為福勝分有「江山無主月輪高之句，極喜之，乃用以成轆轤體一章。

一、江山無主月輪高，冰雪情懷向碧霄。
清輝朗照三千界，月色心光各幾毫？

二、鐘鼎由他重幾毫，江山無主月輪高。
人人一様清光滿，不染纖塵透碧霄。

三、浮雲原不礙分毫，萬古長明照碧霄。
天地有心薦肝膽，江山無主月輪高。

平居二首

賴忠文

一、陋室聊安住，閑情獨往來。
詩成堪佐酒，書罷足開懷。
諷經思己過，讀史慕英才。
神交千載上，詠嘆復徘徊。

二、陋巷簞瓢未足奇，清風明月也充飢。
佐餐下酒詩書在，不必葷腥始解頤。

懷念小狗愛寶

明道廣

初歸吾家，整夜哭吟尋母。
眼神天真純潔，人間所無。
百般獻媚、刻意奉承，祇求一顧。
深疚吝嗇、未能回饋似汝。
雙目失明，百病纏身，仍順良如故。
臨走時、尙掙扎著，搖尾如訴。

觀出征軍人岸邊告別有感

許翼雲

征夫揮手別親人，相對依依隔水分。
天佑平安早解甲，劫餘再聚慶殘生。

相約張家界

周涓

當年在內蒙挨餓與共的四位同事與筆者于二〇〇二年九月在著名景區張家界聚叙。

攀崖越壁五神仙，面对烟雲半日閑。
卻話峰林何日始，縈迴三四億年前。

華府四時詠（古體）

張彬煜

一、迎　春

百紫千紅耀美京，櫻花杜鵑滿都城。
詩人不老春常在，朱顏長艷柏長青。

二、樂　夏

荷塘君子逐風開，荔枝遙自嶺南來。
巨輪華麗如宮殿，乘風觀海上高台。

三、賞　秋

秋涼氣爽好登高，絕頂高歌意氣豪。
日照楓林紅似錦，良朋賞月樂陶陶。

四、愛　冬

瑞雪紛紛兆豐年，親朋團聚享盛筵。
冬陽煦煦花香漫，踏雪尋梅效昔賢。

留學繫鄉愁

鄭楚材

日日窮研夜夜攻，綿綿鄉夢回回空，個個家親語語淚，步步默求片片功。

金陵懷古

今白

興廢地，龍蟠虎踞險勢。改朝換代，剩幾多，帝王豪氣？悠悠長江東逝水，蒼蒼鍾山聳天際。

雞鳴寺、臺城柳，六朝陳跡堪憶。玄武櫻洲紅豔豔，櫻桃纍纍。碧波菡萏頻點點，亭亭擢首搖曳。

莫愁秋瑟殘荷哀。寒凝月、空照秦淮。白鷺洲憑欄處，曾記取、往昔情懷？舊事似水流逝，空徘徊。

聞周涓女士學詞經驗有感

今白

詩詞宴上鳳鳴，細道學詞艱辛。秋夜春華相庭徑，斑爛屬秋葉，嘉獎慰精英。

五十年前舊事，對景霍然心驚。和盤托出當時情。韶華已逝去，幽夢今已醒。

第四十七期

攜內陪徐文莊崇啓鎮二公肯鄔賞櫻

陳新雄

相攜肯鄔賞繁櫻，別有花天客意驚。
宅第繁華園有樹，交通利達笑垂英。
千叢萬朵枝難起，人夥車多路怎行。
喜在情懷同樣好，春風爛熳放新晴。

和伯元先生賞櫻詩元玉

徐文莊

蒙邀附驥共觀櫻，滿目繁花惹客驚。
嫩綠淡紅穿曲徑，濃雲迷霧罩瓊英。
疊疊纍纍隨風起，冉冉紛紛逐步行。
多情肯塢留人處，料峭春寒忽轉晴。

蝶戀花

陳新雄

攜內再遊肯鄔賞櫻用歐公庭院深深深幾許韻

肯鄔深深深幾許。滿苑櫻花，滿地花難數。春不見葬花人去處。卻從花苑尋歸路。雨摧花朝到暮。又是黃昏，誰可留花住。黛玉埋花含淚語。花兒可曉人何去。

江南好．和徐文莊先生作

陳新雄

神州好，最憶是蘇杭。西子湖邊尋舊步，虎丘山下改新妝。獨愛水雲鄉。

阮郎歸

陳新雄

肯鄔賞櫻用歐公角聲吹斷隴梅枝韻

相攜同往覽櫻枝。繁花壓梗低。葳蕤遭雪欲紛飛。黃鶯驚夢啼。　千萬朵，獻鸞閨。何如花下迷。路邊車陣滾輪齊。塵香風暗嘶。

奉和濱峰吟長羊年自壽元玉

范道瞻

昌詩結社唱陽春，珠玉匯羅集大成。省識文章千古事，新陳代謝喜從心。

盧濱峰吟長羊年自壽原詩見第四十六期

臨江仙．鬧市漫步

哈哈居士

鬧市悠然常漫步，何時走畢全程？家家衣著競時新，舊衫惟一襲、病鶴攫雞群。偶爾親朋驚巧遇，傾談倍覺相親；茫茫人海廣無垠，同舟雖瞬息、緣訂應三生！

現代詞．述懷

許翼雲

壯年攻治科技，詩書聊寄情。數理文史用力勤，才盡，未通數理未通經。老來嘯傲四海，家國常繫心。風雨波濤入耳驚，夢醒，也無風雨也無晴＊。

＊此句借自蘇東坡

游南美海上遇風暴

許翼雲

舟行大海驟來風，顛簸巨輪似御空。百尺波峰方湧過，十尋深谷緊相從。人撲地上如昏醉，浪打船舷若炮轟。人定勝天空自許，飄零一葉浩洋中。

過麥哲倫海峽有感

許翼雲

前人捨命探航道，舟毀人亡路始通。
寂寞游魂滄海綠，淒涼殘舸夕陽紅。
樓船從此五洲遍，商賈始能四海逢。
今日有驚無險阻，探航應謝昔人功。

竹香子二首

周涓

一、榜樣

竹葉迎風歌唱，細脆韻兒蕩漾。聲聲讚美苦心人，與日齊成長。　修長竹子榜樣，挺拔中，抱節連上。頻傳捷報頌科研，醒世文明在望。

二、師竹

以竹爲師求是，野嶺小村自適。風霜雨雪巧彎腰，劫後仍剛直。　虛空秀勁浩氣，天地中，翠綠圖志。心誠務實本祥和，渴望堯天舜日。

眼科手術後（四首）

林中仁

視野雖昏心透亮，朦朧世界獨彷徨。
鳥啾窗下知天曉，車駐門前怪客藏。

一曲《月光》疑地霜，《田園交響》展風光。
弦音扣入心靈處，恍見好詩出畫堂。

潛憶慈顏童夢繫，倚門問暖飯飄香。
覺來泉下音容杳，忍淚養睛心益傷。

掛慮親兒羈遠方，遙通電話子情長。
囂塵不入盲天地，境自心生慰別腸。

波河冬景

林中仁

雪嶺冬雲相對寒，驚濤震耳撼石磐。
多情最是迎人浪，故故回頭別意難。

滿園春

明道廣

牡丹芍藥杜鵑花，修竹多情護地瓜。
燕語香飄茵草綠，融融小院是吾家。

春之三詠

周子虞

一、遲來之春

已是仲春二月時，爲何草木卻無知？
蒼苔露冷仍依舊，獨有寒梅放幾枝。

二、即　景

園中已是百花開，楊柳絲絲掩苑台。
庭外橫斜搖影處，春風傳送梅香來。

三、鬧　春

香濃百合逐風開，燕子雙雙繞翠苔。
喜看東籬桃李處，翩翩蝴蝶過牆來。

元輯侄婿八秩自壽依韻賦賀

王照光

風骨崢嶸八十春，飽經人世閱浮沉。
騷壇文史臨江譽，令誕稱觴隔海欣。
瑞集德門蘭桂秀，關懷老少雁書頻。
天涯觀賞還鄉照，萬丈親情記憶新。

第四十八期

憶江南

陳新雄

凱仁學苑講課畢塡詞三首以述余懷並貽在座諸君子

一、開仁舍，老者得安之。衣食住行皆已決，鴻儒碩學尙傳知。獨坐喜吟詩。

二、相聚後，情感得交流。八面四方來碩學，舊知新識盡成儔。能不解鄉愁。

三、分手後，情誼總相縈。共道追新詩意好，相期珍惜晚天晴。寒玉振金聲。

憶兒時

陶端格

寒夜明燈一室溫，腳爐煨火醴盈尊。
母拋針線傳心意，父悅詩書半酒痕。
孺慕情懷沐慈愛，立身忠恕記根源。
天倫至樂成追憶，寸草猶多未報恩。

贈陶丈端格敬步憶兒時原玉

陳新雄

異域相逢一笑溫，真當招請共芳尊。
白華宿草哀如水，補衮丹心淚有痕。
老樹盤根看茂葉，新詩入目識泉源。
歡談原是同鄉里，青眼忘年曷謝恩。

現代詞・春雪

高亦涵

大地冰封，雪花亂舞，阻卻了春來腳步。
三月苦寒，忍把花期誤。

閑對窗前老樹，風過處，乍見梢頭，綠芽新露。輕訴：且休辜負，春已捎來尺素。

奉和濱峰吟長八四自壽原玉

王照光

稱觴令誕又逢春，舉世推崇絕藝成。
書畫詩詞光日月，神奇妙手聖賢心。

悼李教授忠慇先生

王照光

志在育英才，普施雨露，當日邵陽建校，寶島傳經，杏壇早已留佳譽；
松間聽雅韻，仰止高山，今朝湘水嗚咽，馬州落月，寰宇同悲殞巨星。

題孝瑛漁舟蘆影圖

許翼雲

夕照蘆荻影，蓴鱸興遠思。
漁翁垂釣久，游子歸何遲。

觀八大山人畫

許翼雲

反筆畫山樹，禽魚含忿容。
胸中滿塊壘，只是筆難窮。

春到普城

孫至銳

玉蘭三月弄春風，碧水穿橋垂柳中。
記得黃昏催縱酒，夕陽人面一窗紅。

如夢令

孫至鋭

風起燈殘疏雨。潮漲人稀瀧霧。白浪洗灣橋，今夜但看無語。東去，東去，記否晚霞如許？

註：灣橋指 BAYBRIDGE，位於舊金山。

思念

孔傅靜珍

輕挽雲鬟點絳唇，桃紅柳綠總迎春。
美人俊影今何在，遙望鄉關又幾晨。

送童心合唱團好友呂克明兄回國講學

張彬煜

博城楊柳色青青，折贈行人記友情。
前路莫愁知己少，人間處處有歌聲。

歡迎許將軍

張彬煜

將軍報國護旌旗，力抗權奸志不移。
國事安危同有責，共襄義舉此其時。

註：許歷農上將原為國民黨中常委，因抗議李登輝而退職。

八十八自詠

史固華

夜讀晨操興未央，年當米壽尚身強。
喜見兒孫多俊秀，興家報國日方長。

註：八十八豎放一起則成米字。

妻沉痾住養老院

史固華

病妻獨處度餘年，兒女心酸口不言。
痴呆欲語惟垂淚，萬種情懷也罔然。

七絕四首

周子虞

一、即　景

拂曉醒來一夢長，忽聞眾鳥鳴聲揚。
百花凝露頻招展，暗暗飄來滿院香。

二、訪故人

徐步怡然日已斜，小橋流水伴春花。
絲絲楊柳飄飄處，疑是昔年戰友家。

三、旅遊感真

眼底心生字自神，暗中思索總難真。
旅遊所見親臨處，觀景觸靈佳句成。

四、故地新洲行

憶我七齡來粵時，新洲居住母爲師。
白頭回首幼年事，已往前情幻且痴。

舊日乘涼夜

明道廣

酷熱夏初悶似籠，人人避暑空調中。
猶思舊日乘涼夜，芭蕉輕搖論世風。

詠笑臉彌勒佛

哈哈居士

因何整日笑嘻嘻，堪笑人間頗易欺。
求福求財憑我賜，是真是假屬玄機。
消災還望長消禍，報喜自然不報悲。
萬一所求皆不應，叩頭奉獻再相祈。

六言三首

李蔭遠

一、少 年

坡頭花開錦繡，倩女林中相候；
顧盼低聲笑語，貽我青梅如豆。

二、中 年

中年最愛春好，回首往事如煙；
憶舊已忘名姓，何曾真正相憐。

三、老 年

異國空街獨步，老來最愛秋情；
相伴兒孫歲月，中宵轉覺飄零。

第四十九期

賀華府詩友社詩集即將問世　沈敏

曲高和眾湧詩潮，老幹新枝各自豪。
時代潮流多變化，騷人吟詠居前茅。

冠頂詩四首　沈敏

與華府詩友社餐敘即興

一、盧濱峰先生

盧姓源流出范陽，濱江臨海羨時賢。
峰迴路轉雲和樹，書法詩詞萬里揚。

二、許翼雲先生

許家世系出高陽，翼護國家百事強。
雲上飛來雙燕子，孝瑛賢慧美邦揚。

三、周涓女士

周姓源流出汝南，涓涓滴滴氣如蘭。
詩詞歌賦皆流暢，華裔奇才得美談。

四、明道廣先生

明家世系自吳興，道不拾遺傳好音。
廣角宏觀天下事，詩壇墨客眾人欽。

奉和曾振賀壽誕詩三首　何鳳池

一、九秩春秋逢亂世，苟全性命歷艱難；
　　曷思奢望期年慶，高壽薄德不勝寒。

二、人生苦短飛如箭，老去年華瞬息間；
成敗窮通無上下，輪迴禍福轉來還。

三、不求聞達自求福，人世天堂一念間；
世俗情懷絲不斷，黃粱一夢到天邊。

市場採風錄

哈哈居士

一、新潮即景

開胸露臍黑唇膏，短褲高跟細柳腰；
手挽耳環披髮漢，當街擁吻示新潮。

二、肥肥誦

腰橫五尺等身高，步步艱難步步搖；
應是國強民更富，環肥滿眼也稱嬌。

三、「瞎拚」（shopping）誦

市場減價熱烘烘，個個「瞎拚」滿面紅；
居士隨緣觀世態，悠然漫步手空空！

詠蟬

凌國治

本無禦寒術，緣何上高枝。
旦夕餐風露，省悟嘆何遲。
嘶鳴終力盡，萎地化塵泥。
幸曾有遺蛻，入藥人受施*。
更有白石**筆，傳神慰汝癡。

*蟬在成蟲前蛻皮兩次，稱蟬蛻，蟬蛻可入藥
**齊白石。

賞秋四詠

周子虞

一、秋 雁

鴻雁輕飛過苑台，雁兒頭上帶霜來。
秋風吹到草猶綠，梧葉飄飄點翠苔。

二、早 秋

菊花爭艷滿前廊，蟬叫聲聲噪夕陽。
謝卻荼薇花事了，新涼天氣夜初長。

三、秋 月

獨上樓台觀夜景，白雲繞月任徘徊。
月移花影天階處，蟋蟀頻呼秋已來。

四、中 秋

銀漢無聲月已盈，中秋月色最清明。
今宵是母生辰日，悼念劬勞慈母情。

西江月・中秋節

周 涓

瑩澈金光輝映，精純素魄澄明。風雲雷電任紛更，圓缺從容平靜。　千古誦吟仙境，萬方讚美神清。有心賞悅此真情，源自全新生命。

琴劍之歌

許翼雲

如虹劍氣貫白日，似水琴聲入晚風。
絃外知音何處去，空提寶劍覓英雄。

蚊 蟲

明道廣

淫雨綿連水草豐，蚊蟲猖獗霸園空。
誰言身小不堪懼，人獸臣囚在屋中。

七十感懷

張文蔚

年過古稀一夢驚，夢中覺醒兩肩輕；
靜思莊老自修學，萬事人間不置評。

退休敘懷

莊生侖

日日清閑似假期，循規蹈矩我誰欺。
逍遙自在幽居樂，不恨門前車馬稀。

含飴弄孫

李少華

一、風送花香日送光，光明磊落走華堂。
晚年聚首兒孫樂，老伴偷閑話短長。
二、藍天白屋樹風搖，庭內花香暑氣消。
家犬守門迎遠客，孫兒鼓掌臉兒嬌。

小住聖荷西

李少華

荷西酷暑汗流漣，幸得華樓作睡仙。
柳影似簾紅日落，欄杆困犬綠茵纏。
遠山隔岸思親切，小鳥還巢繞屋旋。
勞碌半生閒幾日，兒孫成就樂陶然。

詠紫薇

李蔭遠

夏日櫻花說紫薇，千枝萬朵佔芳菲。
前花未落後花發，不似春櫻盡日飛。

第五十期

神舟五號飛船發射成功有感

盧濱峰

天外楊君*作壯遊，神舟往返撼全球；
美蘇爭霸成陳跡，歐亞新興易主流。
科技精深同進步，金融發達互豐收；
中華仁義彌仇恨，舉世和平慶大休。

*楊君：中國第一位太空人楊利偉。

敬悼蔣夫人仙逝

盧濱峰

中華立國五千年，文采風流耀昔賢；
偉績豐功隨處有，慈祥仁愛不多傳。
開羅峰會寧環宇，華府隻身固外援；
三紀*松齡全福壽，神州史冊寫新篇。

*三紀，指夫人高壽 106 歲，涵蓋十九、二十及廿一三個世紀。

敏公九秩大壽誌慶

許翼雲

沈氏高才世系長，敏思博識美名揚。
嵩齡聰健人同羨，壽比南山福永昌。

林老師泉樂九秩大壽賦祝

王照光

當年桃李列門牆，坐沐春風化育長。
執教施醫功澤滿，揮毫書畫藝壇光。
河山壯麗英豪氣，松竹吟哦志節香。
大德從來人共仰，九如嵩壽祝無疆。

賀明朝

陳新雄

君似春風初識面。往對金爐薰臉。今喜詩詞書畫，好將漫漫歲月，染成五彩絲線。
雙棲如願巢深院。真可羨，遊川比目情繾綣。謝爾雙飛燕。共約嘉賓，鏤玉相見。

和伯元兄《賀明朝》原韻

許翼雲

久仰荊州難識面，近始春風拂臉。喜聆詩詞音韻，佳釀久經歲月，師承傳續一線。
鴻儒相聚小庭院，緣堪羨，暢談書畫何繾綣。惜旋成勞燕。相期來春，磨璞求見。

一斛珠・莊生侖伉儷邀宴賦謝兼簡同席用歐公曉妝初過韻

陳新雄

陰雲初過。洋洋喜氣言真箇。撿回鑽石夜光顆。色奪冰清，終引歡顏破。
螃蟹龍蝦雙料可。鱈魚爽口無沾污。傾談家國人情那。高壩平湖，珠玉成咳唾。

秋思

孔傅靜珍

露冷樓台別意濃，南飛雁陣滿長空。
久懷慈母拈針線，愛在嚴縫襖履中。

停電秉燭有感

孔傅靜珍

露濕欄杆秋氣凜，月穿窗牖照妝台。
夜深寂靜燈搖影，盼得良人入夢來。

遊子萍蹤

孔傅靜珍

萍蹤何日定，天冷晚來秋。
把酒邀明月，心懷一片愁。

秋日傍晚散步即景

孔傅靜珍

楓林紅似火，寒意上高枝。
向晚秋蟲唱，鳴聲夜夜悲。

贈闞家蓂夫人巧克力糖

莊生侖

問伊何所好，依舊惟嗜糖。
選盒巧克力，教贈糖大王*。

*闞夫人外號。

答謝生命碧如兄嫂贈糖

闞家蓂

天外飛來巧克糖，波河岸暖露凝香。
甜脂滋我身心健，醉舞花前學楚狂。

病痛

曾振

痾魔擾我頸邊肩，坐臥難安似火煎。
有病方知康健樂，長無痛楚養天年。

台大校友聚會于夏威夷

黃肇南

歐湖勝島畫圖中，廿載參商故友逢。
執手殷勤時不再，舉杯慷慨意仍雄。
難忘刻苦工圖裏，猶記傅園瀟灑風。
互勉相扶君記取，今朝勝會慶成功。

遺懷四首

周子虞

一、抗戰勝利之憶

十四從戎去！軍中十七年。
倭奴侵我土，民族存亡間。
炮火雖凶猛，衝鋒向敵前。
日酋終授首，奏凱喜言旋。

二、無我之悟

誓掃倭奴不顧身，雄師擊敵數年春；
幾經激戰悟「無我」，應是一心殺敵人。

三、天命之一

先聖*所書記載全，應知天命五旬年。
高齡八十翁**才悟，天命之言玄又玄。

*先聖：乃孔子。**翁：喻筆者本人。

四、天命之二

我憶此生經歷中，艱難險阻屢遭逢；
峰迴路轉疑無路，忽有康莊一道通。

點絳脣・感恩節抒懷

周涓

葉落霜凝，疏枝弄影輕搖曳。地寬天闊，恰感恩時節。　情重恩深，報答言難謝。新歲月，壯懷騰越，不負恩師業。

舊日台北的夜聲

許翼雲

自行車回家的鈴聲
的鈴！的鈴！
餛飩擔的木鐸，篤篤！篤篤！
時起時停。
按摩人的笛聲，由遠而近。
探路的杖聲，由輕而重！由重而輕！
夜已深，一切歸於平靜
突然一聲門鈴，
綠衣人的呼聲：「掛號信！」
「來了！」一個蒼老顫抖的聲音
她倚閭髮如銀，
正盼著游子
一紙報安寧！

第五十一期

詠中東以（以色列）巴（巴勒斯坦）和談

不晚齋

巴以和談見曙光，全球百姓賀禎祥；
烽煙半世餘灰燼，恐怖連年痛死傷。
路線有圖須共守*，商談無處不康莊；
莫推良友成仇敵，一意孤行惹禍殃。

*指美國所建議之和平路線圖。

賀臨高王氏先賢紀念館落成

王照光

承傳薪火力全投，眾志成城撼九州。
遙見巍峨臨水岸，千秋槐蔭映長流。

結婚四十五週年致孝瑛（現代詞）

許翼雲

憶昔青春年華，初證同心，共讀共飲，
燕啣春泥築巢勤。午夜人靜，猶回味，
脈脈秋水，笑也含情，顰也含情。
慶今黃金歲月，彌篤此情，相扶相敬，
雁飛長空比翼鳴。秋陽斜影，更重許，
茫茫前程，順也同心，逆也同心。

深圳

許翼雲

深圳特區建首功，萬民勤奮衣食豐。
小平不倡務實論，十億至今窮困中。

大理

許翼雲

蒼山冉冉雲出岫，洱海濛濛不漾波。
乍入桃源人物異，不知世上禍災多。

賀舊同事金婚

曾振

梁孟相依五十年，關睢唱和兩情牽。
精神爽朗身心健，鶴算期頤人瑞仙。

遺懷三首

周子虞

一、憶抗戰

老兵今尚在，抗日憶豪情。民族千鈞重，
頭顱一擲輕。金戈鏖戰急，鐵馬策驅頻。
回首六旬事，悠悠總繫縈。

二、賦詩之樂

靈感一來詩即至，筆鋒臨紙勢如虹。
韻聲俱洽如人意，樂在其中樂不窮。

三、新年頌

新年過後農年來，梅雪爭春各展才。
臘鼓頻催迎百福，全球安定永無災。

願

明道廣

星移日換春成冬，反恐整年氣勢洶。
祈求舊譜變新曲，國泰民安天下同。

西南聯合大學頌（古體）

李蔭遠

東鄰凶悍動兵戈，玄武湖邊定策多。
不保長城迤北地，故都安危費張羅。
蘆溝橋畔烽煙起，平津學子廢絃歌。
南走湘衡席未暖，西遷三校大聯合。
彩雲之地精英聚，簞食瓢飲習百科。
茅茨甕牖曲肱枕，深研文理開先河。
八載光輝史一頁，會當刻石銘山阿。

＊一九四五年日寇投降後，三校即各自北還，西南聯大不復存在，至今已將一甲子。昔日師友多已作古，余亦白首，緬懷舊事，爰作此章。

詩二首

張文蔚

一、懷念先母

面對遺容日日看，神馳心往幼時歡。
北京醫院憶療養，兒奉藥湯不覺寒。

二、望終南山

桃紅李白菜花黃，鳥語枝頭日漸長。
遠望終南天外雪，渭川綠野送斜陽。

初學詩詞有感

孔傅靜珍

吟詩覓字嘆才難，學海無涯不等閒。
繞室推敲更漏轉，偶成佳句淚闌干。

長相思

孔傅靜珍

情綿綿，意綿綿。萬縷千絲情意牽。心如鐵石堅。
意綿綿，情綿綿。細數歸帆又一年。無言欲問天。

如夢令・盼歸

孔傅靜珍

一、夜雨瀟瀟如訴，風過疏林濃霧。雞唱夢魂驚，身在異鄉何處？歸去，歸去，往事怎堪回顧。

二、秋水微波如縐，夢落香江依舊。思念意中人，曉色綠窗初透。眉皺，眉皺，怎忍淚沾襟袖。

時（寶塔詩體）

孫至銳

時
晨曦
聽黃鸝
芳草萋萋
秋水漾清溪
烈日晴空無際
雲捲殘霞日向西
風摧弱葉倦鳥依依
家家燈火恍若一時齊
倚東床醉眼難隨花影移
怕是三更正是三更夢最奇
忽聞犬吠鳥啼斷牆斜月正低

時間

明道廣

你來時無聲、去無影。
可你撇下來的，都變了形。
襁褓時的父母，壯年的伴，老年時的兒孫，
匆匆如黃粱一夢，難道就是生命？
童年的喜樂，青年的酸苦，中年的成敗，
滾滾如長江之水，有訴不盡的情！
漸漸地祇剩下些糢糊、零碎的記憶，
零碎、零碎、零、零、

第五十二期

久晴喜雨時客南加州

范道瞻

一、

晴過三旬雨似金，喜聞疏滴響高林；
翠陰合處幽禽語，勾引江南萬里心。

二、

小雨初晴風日清，道旁高樹有蟬鳴；
悠然信步忘車馬，翻笑題橋誤長卿*。

*漢司馬相如字長卿，題成都昇仙橋柱曰：「不乘高車駟馬，不過此橋。」

賀蔣孝瑛女史畫展

盧濱峰

二〇〇四年上巳歲次甲申

藝壇代代有才人，各領風騷數十春；

華府地靈龍虎會，蘇州人傑鳳凰鳴。
中西氣質分虛實，成敗是非異古今；
天下大同容乃大，嶺南青出賀新星。

七絕二首

高亦涵

一、寄忙

眼底營營竟日忙，浮生幾度誤晴光，
惜春暫效神仙樂，莫向人間問短長。

二、春日即興

花香日暖亂鶯啼，湖畔柔條隱釣磯，
最好飛鴻傳錦字，放吟酬唱過橋西。

七絕二首

端木訥

一、閑居

垂老孤栖滯異邦，清明時節日初長。
應知四海皆兄弟，獨擁詩書對夕陽。

二、學長生功運動

細長勻緩深呼吸，七穴分輸宇宙能。
每日靜心勤習練，助人助己學長生。

七絕二首

許翼雲

一、待曉

殘月朦朧松樹顛，孤燈閃爍草叢前。
小池水滿明如鏡，萬籟無聲待曉天。

二、回鄉與諸昆季重聚

群雁遇風似散蓬，劫餘重聚舊蘆叢。
翎毛零亂相梳理，明日奮翮共碧空。

春之詠三首

周子虞

一、早　春

冬至陽生日漸長，梅花待放柳欲張；
流光逝水春將到，老者安之壽且康。

二、雪　梅（其一）

大地夜間換素裝，晨來飄雪朔風強；
艷陽乍放晶瑩處，數朵梅花送郁香。

三、賀　年

已是猴年紫氣來，春風送暖百花開；
張燈結彩同迎福，恭喜大家都發財。

一甲子首次返鄉探親

史固華

一、校友歡聚于京

皓髮同窗壽且康，清華重聚滿庭芳，
舉杯暢敘當年事，萬語千言不厭長。

二、返吉長探親

半紀亂離倦鳥還，弟兄姐妹嘆年殘；
山川壯麗依如故，何日重欣手足歡。

致周涓

張恒

命運搏拼桃李酬，攀峰不惑少良儔。
廿年蒙垢隨流水，如火丹楓燦晚秋。

當選社長有感

明道廣

腹中無墨誠惶恐，廢寢忘飧乏計方；
只恨兒時貪戲耍，徒求老大啃詩章。
焚香靜坐研音律，努力耕耘盼上蒼；
本缺虛名應坦蕩，惟憂有損社榮光。

癸未中秋

靜遠

星稀雲淡漫閑遊，寂寞寒塘月影投。
燈火千家團聚夜，中秋觸景莫登樓。

讀書樂

靜遠

閉戶勤耽讀，趣超千里行。
氣和觀世道，心悟愴蒼生。
倏倏生將盡，悠悠學未精。
昔曾窮物理，今試探文程。
物性殊人性，世情多矯情。
古今閭里事，青史傑才名。
開卷枯榮現，退思天理評。
世紛隨念起，賢智自心明。
閱報翻篇過，讀書溯典成。
文章研必徹，時事信先驚。
溪洞武陵遠，桃源斗室迎。
願兒知此樂，我亦可心平。

詞兩首春節遊賭城有感　周　涓

2004年1月26日於拉斯維加斯機場及飛行途中

一、十二時．猴年度假

已無病痛，又無憂慮，豈無遊興？猴年大吉也，隔汪洋同慶。　性命雙修遷素秉。鬧市中、浩然平靜。九天旅途順，品人生美景。

二、鹽角兒．遊賭城有感

來時灑脫，去時灑脫。時時蓬勃。歡非在景，歡非在賭，在襟寬闊。　修持，精工琢。天天洗心清渾濁。水穿石、長流不斷，歸海拓新生活。

現代詞．靈感何在　凌國治

豈是夢中還彩筆，遂教靈感有無中。
臨窗徒搦管，對月枉書空。
咄咄，濛濛。
儘搜索枯腸，依然懵懵。
度句總無功，惱煞「詩翁」。

第五十三期

春暮

范道瞻

草染斜陽綠似油，林花亂落水悠悠。
遲來早去渾無奈，唯有春風不自由。

雨霽

范道瞻

層樓風雨欲黃昏，晚霽驚看萬綠痕。
花似故人成小別，酒和鄉淚待重溫。
星槎早誤歸田計，仙枕難安去國魂。
今日江南春已盡，多情芳草怨王孫。

阮郎歸・賀華府詩友社嘗試集第一卷出版

闞家蓂

屈平詞賦渡關山，鷹揚瀛海間。
唐音歌向九重天，縱吟星斗寒。
嘗試集，步騷壇，瑤編中外傳。
蟾宮叢桂影塵寰，五洲詩結緣。

菩薩蠻・母愛

不晚齋

母親節於市場見一慈母厚愛其殘障女兒

嘴歪智障腿雙跛，刁蠻不解人和我；
仍是女嬌嬌，護兒步步搖。
世風日下靡，您使人間美；
此日見真神，在您一片心。

題《王者香》圖

凌國治

自是仙姬謫下界，清姿雅韻世無倫。
寧居幽谷齊天趣，不併時花裏市塵。

現代詞兩首

凌國治

一、春朝後園巡禮

一夜雨聲淅瀝，朝來旭日融融。
花紅間樹綠，露滴潤華容。
鶯鶯燕燕，穿楊弄柳，歌舞鬧春風。
池上飛來鴛侶，茵氈上踱步從容；
頻顧盼，兩情濃，拍掌旁觀小阿洪。
嘆！萬物有情天不老。賞野趣，樂無窮，
陶然此際一詩翁。

二、送　機

昨宵驪歌猶縈耳，今晨身已在機場，
握手無言相凝睇，淚咽神傷，
縱有柔絲千丈，也難綰系阿郎。
鐵鳥不為人留住，翺翔瞬成一點，沒向遠方。
地上伊人癡佇立，舉頭極目蒼茫。

七絕二首

許翼雲

一、蘇州之歌

虹橋殘月映波心，古寺晚鐘醉夢驚。
長巷吟哦百世過，扁舟離恨千江行。

二、漓　江

挺峭奇峰拔地起，潾潾碧水自天來。
莫非仙苑坼一角，玉筍下凡溪畔栽。

閑　居

明道廣

土司牛奶荷包蛋，電視新聞碧螺春*
午睡夢回日已墜，酒肴撲鼻且輕斟。

*茶名

詩兩首

周子虞

一、夜行軍

月華漸落夜深沉，一片銀河不染塵；
戰馬奔騰蹄步緊，星光燦爛照征人。

二、日機來襲

日機來襲如豺狼，轟炸我軍在戰場；
炸彈傾投風雨暴，機槍猛射響聲強。
傷亡戰士身盈野，奮勇征人血滿膛；
機上敵兵凶惡貌*，迄今夢魘永難忘。

*敵機投彈時，常低飛到敵我僅距二十餘呎。

學術評審賦感

曾　振

中樞鼓鑄育英才，黌舍瓊章報玉臺；
桃李爭春花競艷，可憐蜂蝶費盤徊。

詩兩首

張文蔚

一、無為而治

大千世界藏機密，科技翻新運作奇。
戰禍殺傷城鎮毀，無爲而治似相宜。

二、台灣展望

巨浪暴風雨滿天，島舟傾覆瞬時間。
日船美艦難援救，何不西旋骨肉圓。

如此競選

林多樑

一、爲求勝選造奇端，劃破肚皮啓國安；
可嘆對方渾不解，收兵靜候失江山。
二、隨從護衛不知情，凶手人群卻遁形；
槍彈洞穿改方向，衣衫無血事難明。

行道楓

范大年

拱道昂昂百尺楓，高梢送盡旅西東。
新花意遠春風舞，翠幔情投夏影濃。
過客秋山增景色，滿街火葉輾泥紅。
椏柯轉槁恬無悔，自淌汁飴向九冬。

夜憶

靜遠

寒雨敲窗靜夜深，弄琴忽憶舊光陰。
出郊跨馬蹄聲緊，有女隨鞍笑語歆。
萱谷*幽然今尚在，韶華逝矣永難尋。
抒懷何賴鍾期賞，一曲迴腸一寸心。

*Shenandoah Valley

第五十四期

七絕二首

范道瞻

一、題黃南薰女史畫山水

竹樹清幽迥絕塵，雲山長伴自由身；
相逢笑語忘歸去，便是羲皇以上人。

二、雨　後

夜雨鳴廊曉不眠，起看雲錦爛晴天；
當窗積水涵林影，乍有江湖在眼前。

側看台灣總統選舉

王　琦

拴軍做票綁公投，撕裂族群忍割喉。
詭譎槍傷掀亂象，坎坷國祚使人愁。

哀台灣兩則

許翼雲

一、誤邦覆雨翻雲久，惑眾族群對立分。
空嘆獨夫鑄大錯，百無一用是書生。

二、小人無恥能招禍，君子有心難挽天。
寶島悲歡多少事，長河一沫浪花間。

十七年蟬

凌國治

一、十七年蟬世所稀，余今幸睹此珍奇。
低吟慢唱修「禪」曲，五德宏揚是所期。

二、十七年蟬世所稀，紅睛似寶異丰姿。
千枝萬樹齊鳴奏，自樂何須遇子期。

浣溪沙·問蟬

靜 遠

遁跡噤聲十七春，掀帘薄翼撲紗門，晨昏天籟警覊魂。
豈是爛柯觀弈戰？何堪破夢返凡塵？結群嘶訴爲誰嗔？

十七年蟬

崇啟鎮

大隱幽冥十七春，飛天得道鬼神驚。叱咤層林來復去，鏗鏘絕唱又一輪。

詞三首

周 涓

一、相見歡·喜迎甥兒率團訪美加

美京歡聚情濃，惜匆匆！款款敘談旋又各西東。
大興廢，江山瑞，建奇功！遠隔重洋心志卻相通。

二、意難忘·親情

華府春光，正櫻花爛漫，翠綠修篁。披星星抵達，迎月色離翔。相會短、太匆忙，恰似落英颺。只留下、綿綿心意，無盡思量。
隻言片語珍藏。萬千叮囑在，回味衷腸。老姨空掛慮，小弟自軒昂。環保事、不尋常，敬業效羲黃。血濃水、親情地厚，相愛天長。

三、浪淘沙·海濱風暴一霎

剎那雨嘩嘩，雷電交加。海灘千里浪飛花。滾滾濤聲馳遠近，共振天涯。

雲散水清佳，落日迎霞。有人赤腳踩柔沙。
變色陰晴濃淡也，夏季風華。

簡體字趣談

哈哈居士

「小土」爲塵會意深[一]，「付」銀行長一年薪[二]；
「代」代科員疑世襲[三]，嘉定人喜再「加丁」[四]。

註一：小土合寫為塵，深得六書會意原則，可圈可點。
註二：以「付」代「副」則殊不倫不類。此句可能有兩種解釋。
註三：姓戴的戴，簡寫為「代」，適值戴君代理科員，遂成為代代科員，頗似世襲。
註四：江蘇嘉定縣人喜將嘉定簡寫為「加丁」。

敬祝大姐米壽

許翼雲

幼呈詠絮璇璣慧，長具安邦濟世能，
孝悌持家率仲季，寬仁處世教兒孫。
助人敬業勤研讀，知命樂天喜感恩，
佳日同歡慶米壽，松齡鶴紀福澤深。

註：八十八歲稱為米壽。

女兒返家（古體）

明道廣

求學就業離窩巢，福賜祈天半世勞，
喜得返家十數日，宛如舊往幼童聊。
母親嘮叨聲切切，女兒漠然音嬌嬌，
無奈馳時留不住，臨別囑咐話通宵。

七絕三首

周子虞

一、戰地野村

劫後野村淚濺花，斷牆蔓草亂如麻；
烽煙處處家何在？繞樹孤鴉泣晚霞！

二、夏日即景

翠竹碧梧傍檻廊，鳥兒報曉噪朝陽。
靜觀苑內花爭艷，陣陣清風暗送香。

三、佳句難求有感

賦詩興至趕忙忙，握管而書急就章。
臨到詩成精煉際，欲求佳句一頭霜。

詠　荷

孔傅靜珍

裙綠顏紅池上立，冰清玉潔傲群芳。
薰風輕拂婆娑舞，水殿波揚送暗香。

現代詞・念國內親友

王佩勛

冬盡雪消融，芳飛逐春紅。猶記闊別如昨，無奈白駒匆匆。

關山阻隔敢問路幾重？念切難入夢，神傷欠從容。

是離愁、常縈流、宜溝通。屈指數載各西東。別來安康否？

珍重！珍重！萬般牽掛盡在不言中。但盼子規啼，迎春再相逢。

舊作兩首

孔令和

一、恭賀偉益兄嫂七秩雙壽大慶

比翼鶼鶼年又年，兒孫賢孝壽筵鮮；
稱觴歡慶雙佳偶，舉目爭崇兩謫仙。
七秩歲同情切切，三生緣定意綿綿，
福添南極星高照，春滿華堂月正圓。

二、恭賀張蒙德、裴秦華伉儷金婚大喜

共舞同歌五十春，和鳴琴瑟度金婚；
福壽雙全兒女孝，齊眉偕老一生情。

集句詩兩首

趙　同

一、秋郊夜行

煙籠寒水月籠沙（杜牧）
北斗闌干南斗斜（劉方平）
摘得菊花攜得酒（白居易）
有人行處沒人家（周朴）

二、俚　句

滿瓶不動半瓶搖，東扯葫蘆西扯瓢，
人怕出名豬怕壯，這山望得那山高。

第五十五期

春日經南加州聖地牙哥海岸

范道瞻

曲岸難追釣叟槎，醉人風日勝流霞。
翔鷗戲海低迴雪，游女憑欄豔奪花。
萬鼓濤音聽起滅，半城山色看橫斜。
憂時轉望神州歎，今古英雄浪捲沙。

註：流霞，仙酒名。

答史固華先生

沈　敏

史家魯郡源流長，固有才能日日昌。
華府良朋君與我，工程美滿光和芒。
查經吉日樂相見，隔岸靈犀直達忙。
拜讀鴻文益欽佩，拙詩一首祝常康。

冠首詩（贈吳開晉院長）

沈　敏

吳姓源流自延陵，開宗明義講詞林。
晉陽臨近山東境，院長雄風勝寶琴。

青玉案・陳詩欣、朱木炎奧運跆拳道雙獲金牌有感

陳新雄

幾回奧運爭強路。如曉霧。朦朧去。雅典會場飛語度。中華小將，男雄女健，腳踢留名處。

今年高舉旌旗幕。遠聽山川壯新句。一曲酣歌吾人許。詩欣花月，木炎剛健，老淚垂如雨。

註：山川壯麗曲，指國旗歌。

水調歌頭・奉寄天目山禪源寺月照法師

闞家蓂

久仰梵宮美，欲訪苦無緣。神馳妙繪芸帙，夢裏到禪源。林壑招風攬日，萬丈星河瀉落，霞彩溢雲邊。古刹晚鐘響，月照八方天。　念家國，鄉路遠，意闌珊。憔悴張簡，空望煙景度餘年。垂老紅塵倦客，妄想皈依三寶，法海浪奔旋。心逐波臣去，何敢拜祇園。

詞兩首

周　涓

一、行香子・遊北大西洋

重閣游船，盪海仙山。大西洋、碧綠層瀾。勁風涼爽，雲影輕翻。讓心花放，天花墜，浪花歡。　縹縹緲緲，天水渾然。人間事、或可無端。糊塗難得，大智從寬。且相容誠，涵容美，笑容憨。

二、卜算子・霧

大霧降汪洋，濃鎖滔滔浪。遠近憑欄盡朧紗，行泊仍通暢！　際遇偶低迷，運數常推宕。心底羅盤指正途，永不迷航向。

某黨阻擾成立槍擊眞調會有感

王照光

槍擊風波太詭奇，苦家無意解迷疑。
葫蘆賣的什麼藥？天下蒼生早已知。

憶江南・四季

許翼雲

江南憶，三月樹鶯啼。春水綠平楊柳岸，燕兒重築空樑泥，處處露生機。

江南憶，蜂鬧菜花畦。樹下村翁臨水釣，扁舟劃破綠荷溪，夕照耀漣漪。

江南憶，比翼雁飛齊。窗上桂枝迎月舞，庭中老母焚香祈，千里共相依。

江南憶，臘盡歲時移。飛絮漸停初見曉，鄉愁萬里恨無期，霜重旅人稀。

註：每逢中秋，先母對月焚香斗為家人祈福。

天淨沙・敬悼張捷遷院士

盧濱峰

一、當今氣象專家，傳薪譽滿天涯；祖國航天院士，復校功大，黌宮東北爭誇。

二、遐齡九十壽星，情鍾鑽石金婚；八十詩詞泰斗，辭嚴義正，孫賢子孝長青。

憶王孫、奧運有感

明道廣

中華兒女逞英豪，盡洗病夫幾代嘲；強盛端倪看此朝，志須高，苦幹埋頭不恃驕。

七絕三首

周子虞

一、賓州避暑

賓州夏日有如秋，一陣清涼風滿樓；
遠隔京城三百里，閒雲碧草兩悠悠。

二、重遊碧湖鎮

重到碧湖仲夏天，水村山廓悉如前；
肅兒敬海結緣地，逝水流光十六年。

三、早　秋

雁群掠苑點朝陽，枝上蟬聲已不強；
柳絮飄飄依舊綠，秋來夏去夜初長。

日行三哩

張文蔚

旭日鳥啼又一天，駕車直駛林湖邊。
漫走閒聊三哩路，此心安逸似神仙。

夏　荷

崇啟鎮

清漣馥郁綠交加，疊疊青盤玉立花。
暑熱炎蒸成極品，潔身出落是奇葩。

懷李永剛教授

張彬煜

李樹遍栽豈等閒，永留德望仰高山。
剛毅斯文傳後學，願將理義植人間。

律詩兩首

靜　遠

一、夏日吟詩

庭深院寂雨方歇，拂檻輕風蟬競鳴。
翠柳款搖招蝶舞，紫薇燦爛逗蜂迎。
雲無思緒幻濤嶽，詩有胸襟訴世情。
坐對虹霓吟誦罷，琳瑯詞句入心傾。

二、波河畔

尋幽臨舊景，遣興漫行東。獨愛無人徑，
慎離三葉叢*。林深篩溽日，葉密隱鳴蟲。
瀑響知前路，豁然見瀉洪。

註：三葉叢，poison ivy.

第五十六期

甲申重九馬州道中

范道瞻

幾番風雨又重陽，客路花香似酒香。
旅鬢侵寒驚節換，枯腸索句爲詩忙。
少年遠志輕滄海，晚歲長吟望故鄉。
今日弟兄應念我，東西鴻雁不成行。

華府「今日世界」電視擴展業務誌喜

盧濱峰

華人足跡遍天涯，落地生根處處家；
手創僑邦新事業，心懷故國舊風華。
語言雖別增傳播，文化相融泛彩霞；
今日聲聞全世界，待觀大地放奇花。

追思張純如女士（三首）

劉平和

一、哀惋

肅穆追思會，沉思伴淺謳。
燭光縈玉照，唁語動哀愁。
不信英魂遠，惟知正義留。
人天同惋惜，秋水共悠悠。

二、寫訪

一書又一程，寫作至關情。
專業新聞筆，全心歷史行。
人權爲使命，物證特鏗聲。
採訪搜尋路，雲鵬萬里征。

三、力行

何不壽其年，唏噓欲問天。
凝神追史頁，注目看文篇。
有憾歸塵外，無尤執筆先。
誰能免憂鬱，奮力更行前。

松濤水庫聯句

王照光，王之棟

開山劈嶺學愚公，細澗成湖氣勢雄。
一片汪洋舟蕩漾，群峰倒影景玲瓏。
田園茂盛水滋潤，晝夜光明映碧空。
蓬勃工商倉廩足，弦歌不輟樂融融。

註：松濤是海南最大水庫。

詞兩首

周　涓

一、南鄉子・中秋對月古稀自壽

（格三平韻）

相對適恬恬，謝賜輝光七十年。今世今生彈妙曲，綿綿，圓缺陰晴不改弦。　滄海變桑田，恩怨如煙勝敗遷。清淨平和重向上，天天，笑納雲絲落鬢前。

二、江城子・重上南京清涼山

（與虹、敏、寧敘舊）

重陽一過好清涼。賞秋光，讚疏篁。黃花燦爛，遠近意揚揚。掃葉樓前茶數盞，知己話，暖胸腔。　相憐相惜又相幫。敞心窗，細思量。卅年倏忽，共振益鏗鏘。千里有緣來敘舊，言不盡，友情長。

詩兩首

許翼雲

一、教育部刪書有感

邀功教部刪書忙，瘦馬西風刀下亡。
流水小橋千古誦，昏鴉猶罵獨心腸。

二、萬聖節前夜即景

千魔萬聖索糖飴，扮怪裝神各逞奇。
「猛虎」奔來突止步，階高腿短喚媽咪。

七絕兩首

舒梅生

一、賀曾振教授榮任全美學術評審

學界耆英吏治才，爭輝桃李滿花台；
羨君矍鑠不辭苦，喜見新苗又可栽。

二、紐約夕陽紅舞團

黃金歲月夕陽紅，蓮步盈盈畫意濃；
彩帶飛旋歌舞急，百花仙子樂融融。

臨老得孫

曾行煥

步入高年始弄孫，含飴乍幸樂天倫；
傳宗繼代延薪火，冀望家聲振有人。

詩兩首

周子虞

一、遊維州古戰場

夏令出遊古戰場，斑斑陣地憶攻防；
昔年滿目風煙急，今日孤雲野草荒。
南伍陣營雖緊固，北軍勝利屬豪強；
黑人從此獲平等，種族和諧喜氣洋。

二、晚　秋

漫步園前數落花，曉風殘月映朝霞；
飄飄柳絮依然綠，豔菊婷婷在我家。

選舉有感

明道廣

各說彼無理，謊言滿地飛；
可憐老百姓，受騙不知非。

人生三部曲

張彬煜

一、青 年

世界大同爲爾開，英年創業美洲來。
富貴功名隨所欲，不求名利是庸才。

二、壯 年

大略雄圖意氣豪，利名兼顧守清操。
資財聚散循天道，積德行仁品自高。

三、老 年

功業生平志已酬，兒孫自立少煩憂。
娛賓詩酒多佳客，萬里壯遊跨五洲。

蝶戀花・寫在北一女班友聚會前

林佩娟

半世驪歌魂夢繞。一覺邯鄲，又續前緣巧。
衫綠裙烏含倩笑，同窗舊日憂愁少。
數理四書曾困擾。千遍尋思，發奮終開竅。
少女情誼猶未了，明朝娓娓傾心道。

註：綠衫黑裙，北一女中學生制服。

班友同遊紅木公園及火山湖公園

（新韻）

林佩娟

群英重聚友情真，神木陰中笑語溫。
九仞環窺同路客，一湖清映異鄉人。
晨途歌舊縈迴響，夜榻詩新採逸聞。
別後滄桑難盡訴，晚晴珍重惜芳芬。

第五十七期

台北民初畫展二首

范道瞻

一、鯤島棲遲鬢有霜，登樓讀畫感蒼茫；
岷峨萬里東來客，欲就雲峰覓故鄉。

二、昭代名流妙蹟存，神州壞劫不堪論；
雲煙過眼歸何處，從古丹青有淚痕。

大海嘯有感

許翼雲

白雲碧樹樂無愁，洶涌突來猛浪頭；
子散妻離波底沒，屋摧枝斷水中流。
孤兒失母驚猶懼，災侶望洋悲且憂；
巨禍應能催夢醒，那堪蝸角再相仇。

慶坤如跌傷復原

盧濱峰

老伴跌跤痛折腰，臥床展轉輒哀號；
耆年遘此恆難救，驚恐惟懼不克療。
日日細談身後事，時時不免淚如潮；
殊欣有幸邀天眷，又慶相攙逛市郊。

註：坤如跌跤迄今已兩月有半。

幸會張萌女史感懷

不晚齋

中華才女美無倫，代表神州責勿輕；
環球歷史開新頁，鼓舞全僑愛國心。

註：張女士係二〇〇四年中國環球小姐冠軍，一月三十一日接受華府「今日世界」電視總裁黃杰平先生叩應節目之專訪，筆者奉邀當場觀禮。

詞兩首

周涓

一、思遠人．春節

佳節思親凝遠韻，情切切聽訊。浪花推舊歲，雲移新步，來去報春信。　獻身獻寶悲天憫，任怨任勞盡。寄語大雁傳，吉祥如意，行歌順時運。

二、漁家傲．避寒墨西哥

芾雅爾風光旖旎，黛峰濃淡生花筆，潮汐捲衝沙有跡。山海碧，遠離雨雪逍遙地。　跨谷越溪吟緩急，揚帆搶攝鯨魚戲，吐納曦灘迎浩氣。駒過隙，此情此景銘心底。

更漏子

高亦涵

江水長，鴻影渺，夢醒花空人老；塵緣誤，日遲遲，得失只自知。　滄海事，成追憶，惆悵舊歡難覓；風裡語，醉時言，而今盡可憐。

秋日即景（現代詞）

高亦涵

湖上綠波微漾，山間楓葉丹黃，
坡前老樹，搖曳神傷，
一陣雁過，幾聲輕唱：
轉眼韶華即過，浮生珍重秋涼。

海嘯

明道廣

天搖地動海騰翻，巨浪滔滔高似山；
吞盡人間擋道物，萬千瞬息去無還。

詞兩首

明道廣

一、搗練子·逞英雄

鬢髮白，眼矇瞳，近日猶加牙齒鬆。昔矯呻吟期見慣，今藏嗚咽作英雄。

二、憶江南·賀振基兄退休

休退好，夢醒懶離床。報紙咖啡加散步，小餐品酌唱皮黃，疑是在天堂。

九十壽誕自詠二首

史固華

一、幾經滄海又桑田，屈指九旬感萬千；
　　晚景桑榆難併老，餘生爲主幾何年？
二、耄齡白首滿霜風，今日同歡喜再逢；
　　聞道一朝夕可歿，信深相見主懷中。

賀史固華先生九十大壽聯

曾振

固若金城高壽九旬身益健
華如翠柏遐齡千歲景彌新

七絕三首

周子虞

一、回憶錄初稿完成

八旬已過著書忙，回首前塵一夢長。
老病相煎勤走筆，五年伏案不尋常。

二、付印成書

老來握管感艱難，回憶錄成心始安；
家史所言多少事，傳諸後代細心看。

三、遣懷

百歷愧無專業事，半從戎馬半書生。
幸而子女皆勤奮，各有專精學有成。

詩四首

孔令和

一、盼兒歸

天際愁雲抹晚霞，樹梢風動亂枯枒；
老母倚門癡望苦，愛兒何故不歸家！

二、捐款給曲阜慈善協會

隨緣飄泊落他邦，心卻留情在故鄉；
涓涓不足明心意，祖澤綿綿日月長。

三、聖誕夜在周府巧遇曲阜老鄉

佳期聖誕夜，海外喜相逢；
暢談鄉井事，倍感意情濃。

四、明鏡歌（古體）

誰說歲月不留痕？留痕無情明鏡中；
鏡中之我已非我，非我與我鏡中逢。

憶江南（三首）

曹以松

江南夢，回首了無痕，煙艇泛波驚水鳥，翠堤垂釣買湖蓴，茶試碧蘿春！

江南夢，芳草碧連天，堤上踏青紅杏鬧，繞湖低掠白鷗閑，無事小神仙！

江南夢，何物似情長？王謝樓臺歸燕杳，繡帘招展海棠香，煙雨暗斜陽！

第五十八期

秋日漫成

范道瞻

貪看醉葉繞霜株，不覺將身入畫圖。
菊逗殘香猶引蝶，雨生積水又飛鳧。
門前車轍憐鄉遠，海上琴絃識調孤。
歸去黃昏誰作伴，眠雲新月待人扶。

重返華府詩友社例會有感

阮葉錦翟

今日重回腸斷地，萬千感慨在心田；
匆匆三載已飛逝，猶憶良人在眼前。

觀「李敖有話說」電視節目有感

不晚齋

李敖說話近瘋狂，朝野中西罵滿堂；
據典引經文卻妙，中華民主閃新光。

風雪後

許翼雲

雪晴皓月耀天心，遍野銀妝照眼明；
衰葉殘枝皆掩蓋，幾疑普世盡清新。

待春

許翼雲

池冰乍解碧波漾，試水鴨群撥掌忙；
穿雪嫩芽初探首，春雷動處展新裝。

浪淘沙

闞家蓂

感冒住院時承明道廣社長代詩友社送來鮮花一束，頓感精神舒暢，夜可安眠，特此致謝，並柬諸吟友雅正。

乍暖又驚寒，暝色浮天。懨懨病院待殘燈。寂寂幽窗聞漏盡，永夜如年。　有幸結詩緣，雅誼綿綿。芳菲伴我好安眠。花影滿身香滿鬢，夢也清妍。

教育部編史擬貶國父為外國人聞之有感

王照光

國父功勳光宇宙，宏恩大德萬民歌；
那來莽漢拼歪史，曲意昧良不認他。

少年遊兩首

周涓

一、瀟洒（金松伉儷歸國贈別）

柳枝華府指飛鴻，小麗與金松。廿年荏苒，指揮棒下，歌眾樂融融。　去來游子兮瀟洒，海角有靈通。不日回團，曲新藝湛，再度滿堂紅。

二、惜別忠文

年年竹禊頌春光，詩藝冠群芳。今年將去，今年將去，可否寄新章？　同心同德同師傳，緣份幾多長！莫忘相知，莫須叮囑，學練總相幫。

佩娟姐覓得彩杖一枝，愛不釋手，喜賦

闞家蓂

一、誰將綠彩杖，劃破一天愁；
　　今夕邀明月，舉杯相對酬。

二、庭前攜杖履，遠岫送青來；
　　遙望煙嵐處，林梢凍蕊開。

步闞家蓂教授原韻

林佩娟

一、遍尋輕手杖，望解大家愁；
　　今獲斑筇綠，欣聞對月酬。

二、黃山艱步履，策杖頂峰來；
　　回首山林處，浮雲風掃開。

註：大家讀大姑，如曹大家。昔賴手杖攀登黃山。

海嘯兩首

周子虞

一、海嘯翻天覆地來，蒼生廿萬盡遭災；
　　空前一陣洪波到，沒島移山最可哀。

二、海嘯災情觸目傷，歐非南亞共悽惶；
　　萬方相濟施援手，待復家園樂且康。

回憶錄讀者有評

周子虞

書已寫成寄戚友，紛紛來柬有言評；
或云歷史真詳目，也說詩詞最感人。
肝膽持戈驅寇犯，疆場躍馬使人尊；
最奇路仄逢凶處，化吉迷人又一村。

憶第二次世界大戰

周子虞

二次全球戰事長，蒼生億萬已傷亡；
八年烽火遍環宇，終敗軸心解禍殃。

註：二戰時德意日三國為軸心國。

雪霽

明道廣

風平雪過艷陽天，銀樹晶原耀眼簾；
鶯啼三月殘冬去，春暖花開又一年。

賀傅靜珍女士在蘭亭雅敘客串青衣成功

史固華

一、才女高歌耳目新，潤圓甜美滿堂春；
此曲只能天上有，餘音嬝嬝腦中縈。

二、高吭雲外雨雷吟，低徊空谷漱泉音；
耆老掌聲天地動，蕙蘭媲美共芳芬。

註：高蕙芳、梅蘭芳同是抗戰前名坤。

甲申歲除

莊生命

年來渡日幸無波，半在空忙半坐過；
獨守孤燈時翕目，匆匆此夜奈如何。

註：坐過即坐看電視，一看就幾個鐘頭。

讀紅樓夢（新韻）

林佩娟

華府紅樓夢研讀班結業有感

鍾瑞凝暉鳳至榮，樓台閬苑綴殘紅；
瀟湘縈影悲花冢，青埂通靈畏仕功[一]。
梅馬[二]無猜情切切，豪門有蠹劫重重；
悲歡聚散雲煙夢，參透凡塵水月空。

註一：仕官功名。
註二：青梅竹馬。

第五十九期

連宋登陸促和有感

不晚齋

破冰連宋旅途忙，兩岸和平現曙光；
半世重圓家國夢，全球拭目看龍翔！

註：連、指連戰（台灣國民黨主席）。宋、指宋楚瑜（台灣親民黨主席）

連胡會談

陳新雄

尋根究柢溯炎黃。底事相爭尚倔強。
一面倒蘇成夢幻[一]，兩番拜日獨猖狂[二]。
和談國共今攜手，欣見風雲再轉陽。
萬里神州重造日，聲威應復漢同唐。

註一：毛澤東建國之初，一面倒向蘇聯，遂致遍地哀鴻，民不聊生。

註二：李登輝兩度訪日，遂令臺獨猖獗，臺灣內耗，經濟日弊。

漢奸國賊

陳新雄

連宋訪大陸，急壞李登輝。破口竟大罵，連共不應該。身爲共產黨，聯共獨佔魁。賣國誰是賊，自封日奴才。復處心積慮，斷送釣魚臺。身爲中華民國之總統，退休仍取國民財。竟說民國不存在，居心可惡實禍胎。厚黑無恥遠勝汪精衛，深情奸詐司馬懿相比何有哉。但願我國民，認清此厲災。鞭笞此國賊，心無所疑猜。讓此老奸無所用其計，陰謀鬼計盡數委塵埃。

華府賞櫻

陳新雄

春回大地放晴光，仕女賞櫻興味長。
黑白紅黃盈我眼，短長肥瘦滿湖旁。
繁花碧浪波心蕩，白日藍天水面涼。
七十還能隨眾轉，行來意氣自軒昂。

兩岸情（三首）

黃文政

一、萬水千山阻，魂飛路遠難。
多少思鄉夢，沾巾淚未乾。
二、大陸三千里，臺灣六十年。
一聲孫總理，雙淚落陵前。
三、迢迢臺海路，橫塞欲歸人。
但待渠成日，共參黃帝陵。

俠客贊

許翼雲

聽龔鵬程談俠客後記

一、俠　情

儒非儒，盜非盜，三尺劍，半截襖。
呼朋喚友酒和肉，雄心壯志肝膽照。

二、俠　心

言必信，恩必報，救貧弱，結英豪。
剷平世間不平事，死生度外不矜驕。

五月八日獻母親

沈　敏

年年此日慶良辰，歲歲感恩思母親；
誠懇簽名表孺慕，海天遙望祝康寧。

平安愉快度佳節，知足歡欣滿院庭；
進德修身報懿範，同心共樂迎光明。

農曆三月十三日內人冥誕

史固華

冥齡九十愛長存，宛在音容哀更深。
春暉藹藹天人隔，賢孝兒孫慰母親。

獨　坐

端木訥

雨雪紛飛怕出門，臨窗兀坐意昏昏。
兒時樂事從頭憶，垂老思親淚不禁。

竹香子兩首

周　涓

一、家鄉竹

疊翠鍾山靈秀，曲折小溪剔透。清新竹葉竹枝揚，綠影隨波皺。　當年絕望疾首，竹海中，淚濕衫袖。如今故地數新篁，穩步迎春雨後。

二、晨　竹

夜霧悄然消釋，个个*淨如洗拭。虛空抱節上藍天，自有淩雲志。　平和玉潤雅致，大智愚，挺立人世。年年大計在于春，每日清晨鼓翅。

註：竹葉通常呈「个」字形狀，故「个个」即葉葉之意。

華府賞櫻即景

孔傳靜珍

與外子憲鐸及好友大成、聖炎同遊

環湖客旅樂逍遙，似錦繁花面帶嬌。
紫燕斜飛剪水過，綠波舟楫傍長橋。

春　景

孔傳靜珍

拂堤楊柳東風轉，蕩漾銀波映碧空。
蝶舞蜂飛花滿徑，踏青人在畫圖中。

春　日

王照光

春回大地物爭榮，桃李嫣紅鳥囀鳴；
放眼園林皆艷媚，一花一木總含情。

七絕三首

周子虞

一、履險如夷

來襲敵機飛滿天，爆聲如雨在身邊；
飛來彈片毀槍袋，生命倖然得保全。

註：與日軍戰於粵之深圳。

二、避過一劫

調派樂昌受訓中，我營盡歿在潮東；
傳來噩報深哀痛，不禁悚然悲在衷。

註：潮東即廣東潮州縣。

三、晚　春

日暖花開滿苑廊，薔薇將謝依然香；
櫻花遍落惜春晚，卸下霓裳換素妝。

七絕兩首

葉錦翟

一、難得相知來遠方，階前烤肉共揮觴；
　　良人改習添驚喜，卻是南柯夢一場。
二、年華似水不留停，憶昔撫今淚濕巾；
　　弦斷琴單兒女散，白髮惟獨鏡中親。

大海嘯有感（古體）

徐文莊

何來白沙灘畔愁，猝發巨浪壓當頭。
椰林高樓沉浪底，唯見滔滔濁浪流。
多少遊人渡假地，悽迷悲慘不堪憂。
災禍難測人微力，宜將和睦解恨仇。

雲雀公園游春

靜遠

碧落抹雲春意鬧，燕回幽榭綠波微；
娉婷櫻影池中見，婀娜楊絲雨後肥[一]。
風勁辭枝花入夢，陽和結隊雁思歸；
年年此季同佳景，人事滄桑今昔非。

註一：李清照如夢令：綠肥紅瘦。

第六十期

西江月・春暮

范道瞻

無賴美京春色，羈愁可似當年；聽歌長憶後湖船，柳岸桃花映面。　梗汎萍飄已倦，歸休故我依然；桑田三變海連天，夢裏家山不見。

註：後湖即玄武湖。

曼谷台北行

不晚齋

一、曼谷行

曼谷女兒書電頻，屢催迎養孝思純；
萬里長途人不倦，湄公河上悟禪音。

二、台北行

台灣經濟頗光明，建設高樓處處新；
若是捐嫌求統一，環球擴展必雙贏！

東森新聞臺被當局強迫停播賦感

陳新雄

水扁長廷用文智，今宵法禁欲防人。
當年子產存鄉校，此日元戎仿暴秦。
口口聲聲民主好，思思念念獨裁真。
無能治國災盈目，伐惡還當大筆陳。

七絕三首

許翼雲

一、大草原

敖包極目野無際，指點幕氈三兩村。
天降烏雲風驟起，馬群冒雨往家奔。

註：敖包：蒙人在小丘頂堆石為壇，作敬天之處。

二、訪東北

黑水白山常繫懷，「松花江上」曲聲哀。
循音探訪情猶怯，夢裏江山破霧開。

三、昭君墓

昭君慷慨冒風塵，三代漢胡少戰爭。
一曲琵琶懷故土，千秋青塚後人尊。

奉和中杜宗長歸航原玉

王照光

設宴賜詩情意長，天涯感念渴歸航；
高山臨水古榔下，共賞波蓮話故鄉。

註：高山，臨水，古榔，波蓮，均是地名及景點。

贈鄧華振先生夫婦感謝盛情招待之意

王照光

一屋同遊楓葉國，河山勝景盡全收；
知音情意深如海，臨別依依淚欲流。

註：加拿大國旗是以楓葉圖樣為標幟。

七絕四首

周子虞

一、題山水圖

仰視高峰矗立中，古松挺拔似蒼龍。
亭台樓閣迴環處，碧水悠悠流不窮。

二、睦　鄰

芳鄰相識有如親，互助諧和互自尊；
柳絮嬌陽輝映處，一楊移作兩家春。

三、述　懷

協調動靜應從容，可保平安樂在中。
悟得大千多少事，坦而蕩蕩在其中。

四、美京宜居

矗矗超強本有因，自由民主多精英。
華人喜愛居斯土，人傑地靈是美京。

惡　夢

明道廣

覺來惡夢有無中，萬慮千愁一掃空。
是假是真難辨認，爲虛爲實去匆匆。

七絕兩首

孔傅靜珍

一、夏　夜

月移篁影清風舞，簾外花枝送暗香。
知友歡談頻對飲，稚童葵扇撲螢忙。

二、戲裏乾坤

旦生淨丑凡人相，椅桌刀鞭各有方。
鑼鼓絲絃存古韻，梨園舊事溯明皇。

五絕兩首

孔傅靜珍

一、苦　熱

烈日當空照，清風半點無。
汗流巾盡濕，身陷大洪爐。

二、暑　旱

久旱無絲雨，名泉水盡枯。
葉焦花損貌，禾稻苦遭荼。

詩兩首

張彬煌

一、廬山參加國際詩詞討論會

彩虹飛瀑白雲間，雅集詩人豈等閑。
暮雲春樹天涯遠，難得論詩在此山。

二、記結婚四十週年（古風）

春光明媚烏山頭，美景湖山不勝收。
意外相逢成知己，患難相扶幾十秋。
緣定三生意相投，歲月優遊不知憂。
自強不息身常健，恩愛到老復何求。

夢中離別

曾行煥

夢裏淒淒別鄧家，窗前柳曳夕陽斜；
鍾情最是枝頭鳥，嚦嚦依依伴落花。

鐵線蓮（五言排律）

靜遠

覆蓋矮籬間，芙蓉出水妍。
向陽何挺秀，倚架亦羈牽。
豈乏凌雲志？但愁天路邅。
居高風折易，偃蹇自求全。
歲歲添濃彩，分春不競先。

註：鐵線蓮（clematis）係多年生藤本植物；爬四、五呎高。晚春或夏季開花。花大似蓮，呈紫、藍、紅或白色。

夏晨林鳥

靜遠

紅衰春盡籠煙翠，曙色搖光雨過微。
一樹蘭開香浥露，千林鳥覺曉凝暉。
初聞巧囀繁音脆，未見翱翔比翼飛。
展翅哺雛欣忘返，伯勞高喚稚兒歸。

註：玉蘭花（magnolia），伯勞鳥即（mockingbird）

第六十一期

野岸

范道瞻

野岸澄江畔，重來水涸時。
行人踏落葉，驚雀上危枝。
遠樹籠煙細，晴雲出岫遲。
微風吹不斷，拂面雨如絲。

悼念明夫人宋景孚醫師

盧濱峰

出生總府女兒嬌[一]，學冠中西鮮比高；
仁術仁心遺愛遠，救災救急不辭勞[二]。
良人泣訴乖卿意[三]，兒女號啕痛母凋；
七十古稀人世瑞，瑤池駕返德長昭！

註一：醫師係民國初年大將宋哲元將軍么女，倍受鍾愛。
註二：宋醫師為美京華人活動中心長青社老人義診，有求必應，雖在深夜，亦不辭勞。遺愛所在，該社老人莫不哀悼。
註三：宋醫師因病廢食，其夫明道廣博士尚誤認為嘴刁，事後明博士痛惜自責不已。

明宋景孚大夫千古

林佩娟敬輓

捨己爲人　濟世良醫哀早瘁
相夫教子　嘉行懿範念長存

七律兩首

陳新雄

一、七十生日感賦

今日匆匆過古稀。如潮思緒感蕃滋。
蕙蘭已是香盈室，桃李欣看子滿枝。
俯仰無慚天地闊，吟哦有道儀型施。

梅馨竹露情懷好，笑對妻兒意覺癡。

二、次韻戎庵挽春吟

時來萬象有精神。運去無端怎叩津。
李杜光輝高萬丈，蘇黃風韻動千人。
淺斟低唱迴腸曲，鏤玉雕瓊出世塵。
慷慨沉吟憂世意，勤栽桃李好回春。

七絕三首

許翼雲

一、山海關老龍頭

長城萬里跨時空，繞谷盤山一巨龍；
騰躍欲飛先蓄勢，龍頭探海吸長虹。

二、月　光

池中月影隨波碎，仰羨天心皓月明；
孰奈清輝非自有，遠從紅日借晶瑩。

三、龍城飛將

胡兒窺牧陰山道，飛將奮威血染袍；
李廣難封非數仄，朝中權貴筆如刀。

詞兩首

周　涓

一、一剪梅．師生團聚

（記 05 年 4 月 17 日高中時期師生歡聚於南京母校明德園）

五十年前育樹苗，教得勤勞，學得勤勞。
桃紅李白滿天飄，遠也功高，近也功高。
半世風雲轉眼消，師守情操，生守情操。
有緣相聚樂陶陶，今日逍遙，每日逍遙。

二、相見歡．老同事團聚

（記05年4月19日與28中老同事聚餐於南京歐街探戈）

教鞭共執多年，豈無緣？在劫難逃相互鬥無憐。　乾坤轉，冤仇散，續前緣。攜手舉杯談笑論『新編』。

南柯子．抗戰勝利六十週年紀念

王照光

南京城殺盡，珍珠港炸光，征服世界正瘋狂，焉知廣島一彈，即投降。　戰敗剛甲子，往事莫全忘，和平相處歲月長，建軍改史危崖，快勒韁。

八年抗戰勝利還鄉之憶

周子虞

陪都捷報傳來日，舉國騰歡喜若狂。
即往巴東偕母姐，直穿巫峽到宜昌。
長江秋水東流急，兩岸奇峰氣勢強。
抵達武昌歸故里，全家聚首喜洋洋。

詩兩首

李少華

一、乘航機到加州

洛城小憩啓遊蹤，鐵翼飛馳背向東。
窗外光芒雲腳底，醒來驚訝在空中。

二、到洛杉磯機場

六月洛城花滿枝，機場遊客未來遲。
良朋遠道驅車到，恰似和風撲面時。

老人與狗（仿古歌行）

凌國治

卡翠納風災小插曲

威速空前卡翠納，橫掃南方四個州。摧堅斷
電不須時，拔屋飛椽如拉朽。
禍不單行紐奧良，更崩湖堤水倒流。全市一
夜成汪洋，天昏地暗眾徬徨。
風呼嘯，人哭貓狗叫。倖者老人與小狗，困
在樓，兩相偎依，懼且憂。

忽聞窗下有人聲，救生員，撐小艇，催促：
「快走莫延留，唯奉上命祇載人，不載
狗。」
老人肅容謝：「我與狗，依存久，若不載牠
我不走。感君好意我心受。」
後者無奈直搖頭：「由衷祈願水退速，君與
愛犬俱得救。」

西江月・松柏中心慶樓逸純女士誕辰

林佩娟

秋夜歌聲裊裊，華裳老少翩翩，慶生筵在漢
宮軒，齊頌壽星長健。　　松柏中心感

念，仁心義膽忠言，家庭事業一身兼，好
義急公不倦。

二〇〇五世界物理年*賦感

林佩娟

代代中西出異人，好奇長比赤兒真；
虹懸果墜驚無事，電掣星移信有因。
引力律生迷象解，時空論起創言新；
微觀宏視多疑處，搔短白頭痴想頻。

註：為紀念百年前（一九〇五年）愛因斯坦數月中連續發表了三篇文章，開拓了上世紀物理學的新領域。第一篇說明光波和粒子的雙重性，即所謂的「光子」。光波有時可看成是一群有固定能量的粒子在流動。第二篇建議一個實驗來證明分子不規則的布朗寧運動與熱的關聯。第三篇即特殊相對論，闡述了牛頓動力律與電磁波場論的關係。當時物體的運動與電磁波能量的傳播有何關係是未解之謎。

第六十二期

乙酉（2005）中秋無月

范道瞻

天涯倦旅逢佳節，牢落羈心付茗杯。
雲海漫憂蟾影蔽，江關不阻雁聲來。
廿年去國情猶摯，一夕懷人鬢欲摧。
離合悲歡餘涕笑，望風遙想大蘇才。

鷓鴣天・詠李登輝（岩里正男）本週訪美

哈哈居士

二零零五年十月二十二日

李氏正男又蒞臨，專程促美制華人，
小泉拜廟高評許[一]，釣島爭言屬日軍。
賊作父，鬼同聲，此廝豈果愛台瀛？
中華總統仍支俸[二]，卻倡中華趕出門[三]！

註一：指小泉參拜靖國神社。
註二：指總統退休金。
註三：李在紐約講演時，高喊「把中華民國趕出台灣」。

詞四首

陳新雄

一、滿庭芳・蘭亭雅集（用山谷北苑春風韻）

勝事蘭亭，風流雅韻，千載重啓津關。竹陰深處，芳草裊晴煙。曲水浮觴舊況，覓重現，花墜溪邊。纖纖手，網張杯舉，詩酒點衣斑。

欣然，爭競唱，一觴一詠，賓集群賢。看脩竹茂林，峻嶺重山。搜索胸中冊卷，還攪動，三峽詞源。肩聳罷，輕吟淺啜，微醉落鋒前。

二、虞美人．沈園（用山谷天涯也有江南信韻）

陸游唐婉情雖信，恩愛難親近。相思鎮日意遲遲，不道沈園柳老盡枯枝。

驚鴻過處花應妒，步履雙雙住。平生誰見此情深，無計能回傷透兩人心。

三、虞美人．東湖（用山谷平王本愛江湖住韻）

船娘卻愛烏蓬住，圓缺同相處。東湖碧水與舟連，棹入陶公深洞并窺天。

石山奇絕煙波外，訝異人工在。神降鬼斧鑿天門，誰寫清詩雅韻賦招魂。

四、兩同心．咸亨酒店沽酒歡飲贈明鏘詩俠（用山谷巧笑眉顰韻）

對酒眉顰。張口精神。隱隱似、旋風乍起，悠悠地、醉袖飛塵。尊前見、無限豪情，風雅堪親。

自言囚獄無津。嘗盡非人。孰許可、飛龍掉尾，爭知道、拔類超群。從今後，坐擁書城，唯我獨尊。

西風夕照（現代詞）

許翼雲

遍山樹叢，一脈青蔥。
乍來西風，挾霜筆，迴旋谷中，
左抹鵝黃，右塗絳紅。
更留下片片丹楓。
詩翁舉杯覓句，畫師運筆如風。
斜陽不語，斂眉俯首，徐收芒鋒。
萬鳥歸林，人返家，匆匆。
日頭冉冉，漸觸山峰，
突爆出光芒萬丈穿長空。
千朵彩雲，幻成片片金鱗矯游龍。
霞光映地，山谷醉酡紅。
眾鳥噤聲，西風悄無蹤。
畫師止筆，詩翁停杯，
齊向紅日躬身送。

西湖

李蔭遠

三十年中三度游[一]，十分打扮是杭州；
阮墩月色馳高論，龍井茶鄉舉細甌。
楊柳陰濃輕照水，桂花香重喜經秋；
天翻地覆廿餘載，待訪湖山自唱酬。

註一：三度：一九四七、七六、八零也。明春擬再游西湖。

祝毛戎老師乙酉畫展成功

王照光，王軒柔

中華文化光寰宇，萬國衣冠總慕崇；
華府畫壇揚國粹，大師揮筆見神龍。

愁（現代詞）

凌國治

早歲不知愁，祇因愁未到。愛誦《秋聲賦》，偏讚秋光好。
如今愁至矣，揮之堅不去。休休！苦味佔心頭，苦字寫眉頭。
怕聽雁鳴嘎嘎，怕見落葉蕭蕭，也擬作郊遊。可奈秋深，事事總關愁。

憶母

周子虞

一、故地新洲行

憶我七齡來粵時，新洲居住母爲師。
白頭回首當年事，孺慕情懷總自知。

二、哀母喪（一九五零年仲夏）

噩訊傳來日，哀哀誤歸期；
慈顏懸影望，烏鳥慟親思。

獨居

明道廣

獨坐孤燈靜靜樓，千愁萬緒湧心頭；
力微無法改天命，短暫人生不盡愁。

先室逝世週年祭

史固華

兩隔天人一整年，同甘共苦憶涼炎；
形影難忘懷念日，夢中相見淚漣漣。

祝周子虞詞長農曆十月十三日八十八歲米壽

史固華

一、十月十三喜氣盈，蟠桃仙樂會門庭；
文韜武略皆功業，仁者誠知屬壽星。

二、講文修武一鴻儒，斬將搴旗抗倭奴；
嵩壽有能遊萬里，更欣後輩繪新圖。

詩兩首

張文蔚

一、信教之福

信仰真神播愛心，無私服務惠人群；
死生病老人難免，領路神靈喜樂行。

二、賞　秋

黃葉飛空舞雁群，枝頭孤鳥順風迎；
金秋佳日休虛度，安頓身心壽百齡。

觀八大山人白海棠畫

靜遠

年年慚悔遁空門，枉自移栽香滿盆；
縞素嗟哀憐鬢影，丹青潛攝冷花魂。
涉塵千日多嗔恨，在夢一生無片痕；
縱是淒涼人負汝，冰清玉潔慰晨昏。

註：八大山人朱耷生於明天啟六年（一六二六年）。此畫係八大山人還俗後三年所作。經歷了狂疾，短婚，畫上自題「琴瑟東施未有家」，又自署「何負」。

第六十三期

黃葉

范道瞻

經霜樹色認全非，萬葉飄金返照微；
處士有家無路入，酒人覓伴打頭飛。
深宮那解題詩好，荒徑誰知妒菊肥？
搖落西風秋漸老，碧雲天外雁南歸。

全民告發

陳新雄

全民告發意翻新。法院週圍訴暴秦。
水扁已經無信任，長廷誰說有經綸。
上輕百姓如泥土，下視其君若寇讎。
今喜臺灣人已醒，絕非甘願落沉淪。

詞兩首

闞家蓂

一、高陽台

賀母校浙大史地系七十週年紀念並祝《史地文集》出版，謹以詞代序。

烽火江城，弦歌奧域，難忘泮水華年。絳帳傳經，焚膏繼晷鑽研。螢窗雪案磨針杵，負阮囊尋覓韋編。望遙天。手掬長虹，氣貫雲端。

程門子弟三千士，跨瀛洲瀚海，光耀塵寰。桃李春風，群英競吐芳妍。笙簫禹殿馳清韻，鳳凰台鴝舞翩躚。賞芸篇。紫閣留名，日月嬋娟。

二、南鄉子

永緒學長、紹中嫂惠贈鳳梨酥一盒謹此致謝

一盒鳳梨酥，錦紙封開擊掌呼。玉屑瓊糕甘味蕾，歡娛。透齒馨香意亦舒。　半世寄江湖，水遠山長倦旅途。欣喜鷗盟分惠澤，如如。萬里晴煙入我廬。

詩兩首

許翼雲

一、重逢

壯懷空對長風訴，鄉思且伴水流吟；
月下秋光挽客步，燈前濁酒敘離情。

二、隨興

少小顛簸烽火頻，弱冠萬里負笈行；
一生常作江湖客，三代已成世界民。
疏懶幾將本業忘，休閑試把詩歌吟；
殊欣三老*相依靠，雲淡風輕且順心。

*註：三老即老伴、老本、老友。

追思黃小秋女士

劉平和

一、霓裳

京戲承庭訓，耳濡黃派謳。
六年歌劇業，一世霓裳猷。
東土爲新秀，西方匯主流。
伶壇忽星殞，鼎盛喟春秋。

二、文化

仔肩文化重，海外學生多。
菊部勞心力，梨園費琢磨。

繞梁聲韻在，留影舞姿娑。
忍使人天杳，歲殘聽輓歌。

註：黃小秋女士為華盛頓楚山藝術學院創始人之一，家學淵源，在海外傳授京劇，弘揚文化有年。

詞三首

周涓

一、如夢令·學竹

雨打風掀千遍，石壓岩封聽便，抱節托新梢，挺拔拂雲成片。磨鍊，磨鍊，直矗矗天行健。

二、透碧霄·竹葉

翠葉透朝陽。影重重、濃淡綠黃。曄曄翩翩，氣清神爽，扶搖似飛光。依然挺直依然淨，片片韻兒長。靜寧中、明麗溫良。且了悟、寒霜冰雪，更添柔韌更添香。不張揚。蔥蔥蘢蘢，炎夏蔽暑送風涼。數九封凍，碧霞瑩潤，竹報嘉祥。悄悄迸籜，衝天翼展，幽徑春芳。滴秋露、冉冉凝香。四季自迎風，歡歌妙舞，瀟洒又平常。

三、迎春樂

融冰化雪雲天淨。萬物甦，脫鋒穎。喜洋洋，蓄勢經冬定。恁此際，鋪春景。使勁（兒）學，科研灌頂。認真練，醍醐心領。放眼清平人世，樂育新生命。

水龍吟·鄉愁

王照光

臨江一水悠悠，送我踏上江湖道。萍飄四海，險闖三關，客心已擣。朝思故國，夜夢烽煙，神魂顛倒。嘆暫短人生，虛幻名利，聽櫂歌、羨漁嫂。

多少幽蘭芳草，到如今、恨深誰告。天涯翹首，雪封歸途，鄉遠人老。波蘿蜜香，黃皮甘美，那天嚐到。怕移步荒郊，群鳥聲聲，說臨高好。

註：波蘿蜜及黃皮是海南特產水果，味道甘甜芬芳馳名全國。臨高，海南地名。

悼戰友吳光朝將軍二首

周子虞

一、我憶八旬君九十，滿堂喜氣慶生辰。
流光逝水催人老，轉瞬匆匆已十春。

二、將軍一逝想當年，百戰立功萬世傳。
武略文韜兼備處，賦詩佳句如前賢。

鄉思（七律二首）

李少華

一、回憶童年未識愁，輕舟泛罷荔灣頭。
笙歌酒舞非吾道，粥品魚羹是我求。
珠海俗塵隨夜淨，白雲出岫曉星留。
而今心事如麻亂，仰望羔羊去我憂。

二、記曾漫步入長堤，仁濟堂前聖樂迷。
善牧爲鄰天國近，良醫濟世可林低。
榮光繡閣傳佳話，陸佑高樓羨品題。
卅載別離如夢幻，何時重踏故園泥？

昭君塚

徐文莊

塞外多風塵，昭君不顧身。
琵琶一曲訴，捨己爲蒼生。

七律兩首

靜遠

一、海上夜航

與家姐同遊敘舊

鯨海蕩波通月窟，遊輪行夜向方壺；
誰家蜃室今休杼，何處龍宮昔吐珠。
神話縈迴聆曲後，時光旋返啓蒙初；
悠悠數十年前事，長憶清宵助習書。

註：月窟，月歸宿的洞穴。方壺，古代傳說中的海上仙山。蜃，神話中鮫人，善織鮫綃。

二、海上日出

水天連處鎖煙霞，似阻金烏逐月華；
撥霧一輪紅日上，凌波千轉白鷗斜。
孤舟勇往奔前岸，捲浪回瞻逝遠涯；
空對浮沉懷舊事，平明四海又爲家。

第六十四期

華府詩友社十週年社慶感懷

不晚齋

小園一圃墾荒丘，歲月匆匆已十秋；
下里巴人情泛泛，陽春白雪意悠悠。
地靈華府風環宇，人傑中華集九洲；
最是以文求友樂，嚶鳴引得鳳凰留！

編按：華府詩友社成立於一九九五年十一月五日，迄今已逾十載，爰於二〇〇六年三月十二日擴大慶祝。

華府詩友社十週年社慶賀聯

范道瞻

十載締詩盟，聲氣相通，出箧篇章開錦繡；
三春逢社慶，交情常在，當筵嘯詠勝笙簧。

眼兒媚·華府詩友社慶祝十週年紀念

闞家蓂

十年吟步踏天階，虹彩日邊來。澄空霽色，光搖浮影，蕩漾詩懷。　波河春暖騷壇敘，翰墨展鴻才。攬雲作句，拈花傳唱，紫閣屏開。

華府詩友社成立十週年感賦

陳新雄

中華立國有詩神。信口吟來盡識津。
李杜光輝高萬丈，蘇黃風韻動千人。
騰蛟起鳳衝南斗，複水重山啓後塵。
海外開基今十載，丹心應許早回春。

醉蓬萊・華府詩友社成立十週年賦此相贈

陳新雄

（用山谷對朝雲靉靆韻）

正春風蕩漾，十載今臨，群英相倚。麗藻鴻詞，集滿山青翠。激徵揚商，敲冰擊玉，理趣人皆會。萬里重洋，異鄉播種，知合深意。　華府風雲，世界樂地，回顧家邦，一片煙水。感謝開基，乃神州佳士。華路襤衫，山林初闢，歌舞揮羅袂。引吭高吟，歡呼社慶，盡人稱是。

華府詩社十週年慶

沈敏

華僑旅美集群英，府內繞梁千百聲。
詩賦靈犀以會友，社藏名句同嚶鳴。
十分歌舞已成帙，週際增添墨客情。
年復一年更進步，慶同身受歡欣銘。

華府詩友十年慶詩兩首　史固華

一、華府詩友十年慶，光輝才俊摯情深；
崇敬盧公創詩社，詩壇屢屢奏新音。

二、今日此間大會師，紅顏白髮俱相知，
龍驤鳳舞嘗試集，猶似當年創辦時。

華府詩友社十週年之慶　周子虞

憶我參加詩社日，至今十載時光長；
新知舊雨遍寰宇，華府詩詞舉世揚。

賀詩友社十年有成（現代詞）　孔令和

盧公華府植詩芽，十年有成足堪誇。嘗試集，是詩圃，篇篇佳作是詩花。　詩朋詩友常歡聚，吟哦增雅興，揮筆留鴻爪。詩意濃，情誼洽。深幸浮生不留白，誠祝詩社更壯大！

華府詩友社十週年誌感　劉平和

抱甕殷勤半畝田，十年詩社幸芳妍。
鄉懷國計絲絲意，雪夜風簷密密箋。
古道友人能聚晤，熱腸文化可傳沿。
更祈同好長康健，筆政如虹月復年。

萬年枝・詩友社十年

周涓

鶯訴夢，燕歸樑，疲鳥憩枝長。築巢詩社熱心腸，襟敞意揚揚。　磋切致，齊展翅，集錦雋篇明志。盧公起步聚群凰，天闊任翱翔。

華府詩友社十週年慶

許翼雲

一、詩詞華夏大泱風，社友吟哦覓句工。
十載耕耘薪火繼，年年不輟淬磨功。

二、十方俊彥好詞章，歲月不休磋切忙。
詩句推敲音韻煉，友誼日進笑盈堂。

華府詩友社十周年社慶

曾振

淬礪十年慶有成，詩刊妙筆簡而精；
傳承國粹兼聯誼，社慶歡聲滿院庭。

賀華府詩友社成立十週年

王照光

車馬盈庭喜氣揚，藝林盛事論詩章；
漫看嘗試十年路，朵朵梅花雪裏香。

現代詞・賀《嘗試集》十週年

徐今白

嘗試詩情詞意，溫馨如飲甘泉，堪稱神仙。試嘗斗酒詩百篇，《漱玉》，《花間》，獨崇李*真、蘇辛健。

註：李後主

小丑

陳新雄

元首居然成小丑，臺灣確實足悲哀。
一心只想營臺獨，無膽徒令墮劫灰。
僥倖登真無器度，咆哮匝月致橫災。
徘徊鎮日謀私利，百姓生涯曷管哉。

恭悼孫前院長運璿

陳新雄

海外聞喪不勝情。緬懷許國竭精誠。
小龍當日曾為首，臺島如今尚仰榮。
宰輔經綸公第一，痌瘝百姓政誰行。
傷心豈止亡龜鑑，得失還從底處衡。

緬懷孫運璿院長兼感時（六首）

淳風

一、鼎鼐

電力工程起一動，十般興建若蒸雲。
中樞鼎鼐無幽恙，大局接班聞使君。

二、輪 椅

癒後心長語更溫，不拘身段念乾坤。
癯容輪椅仍呼籲，勤儉早醫保體魂。

三、遺 徽

青史堪誰得美稱，衡量風物用長繩。
胼胝留與蓬萊島，人去遺徽可永恆。

四、自 愛

寓所原非賀客庭，清廉自愛德尤馨。
二雞毋受成佳話，家守官箴正視聽。

五、藍 綠

煮酒來年論閣英，民生經濟看凋盈。
今徒百事分藍綠，不問瘼情問選情。

六、族 群

民主自由誠可珍，年年政績請條陳。
族群融洽方長久，天佑全台千萬民。

註：孫運璿先生曾任職台灣電力公司多年，後迭升為行政院長，致力十大建設。在台電時，夫人產女，有人登門送二母雞為禮，夫人不肯受。其一母雞忽生一蛋，夫人終僅收下一蛋，聞者傳為美談。

第六十五期

陣中往事二首

周子虞遺作

一、陣中之詠

八年抗戰時間長，回首前情我武揚。
白叟老兵今尚在，笑談隨意寫瑤章。

二、從軍抗日

憶我壯年抗戰時，沙場效命領雄師。
驅除倭寇還疆土，賊已肅清志已施。

註：一九三二年，余十四歲，日本侵略我國日亟，毅然棄文習武，以至一九三七年七月七日，中日戰爭爆發，余年方一十九歲，是少壯軍官，揮軍抗敵，身經大小戰役，幾將近百，經八年抗戰，獲得勝利，克盡己職，深感欣慰。

子虞詞長千古

許翼雲

壯年馳騁疆場，九死一生，回首仍懷離黍恨；
白髮醉心詞翰，千錘百煉，易簀猶念賦詩情。

後學許翼雲敬輓

追思周子虞先生聯

劉平和

從戎曾抗日，爲民爲族爲家爲國；
傳世更刊書，能武能文能史能詩。

祭周子虞詞長

史固華

錦詩留與後人讀，摯友唯能夢裡尋；
遺愛長存深厚永，兒孫賢孝慰慈親。

恭悼周子虞詞長

林佩娟

戎馬艱辛志不銷，詩篇琢句盡情描；
身經百折堅誠信，風範千秋足自驕。

編按：凌國治社友曾寫《悼念周子虞詞長》一文敘述周先生生平。該文刊登於華盛頓新聞報農曆二〇〇六年三月二十三日版。

時事感懷

不晚齋

據此間電視傳播：肯尼亞孔子學院師生及當地政府官員不特以華語致詞歡迎往訪之胡錦濤氏，並合唱中國歌曲以資款待，場面至爲溫馨感人。

孔道千年又日新，專門學院滿胡塵；
肯國人民無上下，同欣教化漢歌聲。

四　月

范道瞻

四月清和物候新，輕寒微暖試衣頻；
叮嚀鶯語留殘日，絢爛花光作好春。
三徑就荒勞遠夢，廿年羈旅未歸人；
萋萋碧草情無極，梗泛萍浮任此身。

次韻樹恒幸福聯吟三首

陳新雄

一、欣觀桃李已成林。學術堂廊足放心。
喜讀往來詩句好，雙肩聳罷一長吟。

二、扁淺何能望茂林。孫公自有濟時心。
清廉貪瀆人能辨，萬世千秋細細吟。

三、樹恒幸福詠成林。欣喜常存鐵石心。
針對晴陰揮健筆，漫天風雨作龍吟。

好時光四首

周　涓

二○○六年二月下旬於南卡昔頭島

一、避寒昔頭島

雨雪霜前思暖，飛遠遠、浴春光。南國海風輕拍浪，群鷗意氣揚。　橡樹粗又密，影鬱鬱、寄鬚長。百草爭相綻，色艷共幽香。

二、玉蘭花園

複瓣桃花微笑，緋素錯、綴枝梢。梅李杜鵑皆脫俗，迎春紫槿嬌。　陣陣香溢散，四季桂、透旃搖。更喜茶花盛，燦燦海棠妖。

三、海島春晨

曉霧蘆灘輕浪，雲正亂、兌朝霞。俄頃翠瀾追海鳥，金光照眼花。慶幸離北國，遠躲那、雪霜加。提早春光攬，乘興白帆佳。

四、鷓鴣啼曉

清脆鷓鴣啼囀，風細細、水天明。推牖謂東君「你早」！煙波起伏情。　昨夜春夢好，舊句入、醉翁亭。醒後新詞意，把酒索詩評。

春日賞花二首

阮葉錦翟

一、次女後園草色青，艷紅梅樹早知春。
鳥歌花舞添風景，傷感人兒也賞心。

二、清風蕩漾花飛落，華府櫻花已滿林。
行人如織踏花過，可嘆惜花有幾人。

孤　雁（七絕二首）

王顏鑄

一、影暗雲深一雁行，春遲花慢倦啼聲。
那堪無月黃昏雨，孤侶天涯萬里情。

二、霞光漸減逝雷輕，窗外春寒夜雨聲。
千里鶯啼何處是？江南猶有未歸程。

浮生慨

凌國治

浮生百態云何擬，離合悲歡苦辣甜。
湊對時空人際遇，織成命運奈何天。

欣聞三峽大壩工成

許翼雲

少年志大編新夢，高壩橫江鎖巨龍；
三峽工成千載業，無緣空嘆白頭翁。

歡送童心合唱團女高音方玉霞赴加州定居

張彬煜

親朋昨日賞櫻花，餞別今宵方玉霞。
美韻歌聲留紀念，相期西岸展才華。

偶成

明道廣

隨手捻來就是詩，人情物象任儂思；
打油溜口君毋笑，老李香山也似斯。

春景二首

靜遠

一、檻外無人滿綠苔，紅櫻擎蓋嫩涼來；
風軒飄瓣扶春入，琴趣詩懷逐景開。

二、庭院桃紅媚晚晴，當窗歷歷夕暉明。
春城萬豔人爭賞，含笑孤芳我獨迎。

第六十六期

螃蟹

陳新雄

八腳橫行在水邊。雙螯共舞食群鮮。無腸不飽真公子，有甲能藏豈福田。請看萬民齊大吼，應知深壑已難填。人云博帶[一]今喪膽，觳觫泥塘日夜煎。

註一：《廣雅》曰：「蟹、蛫也，雄曰蜋蚁（左邊虫為魚），雌曰博帶。」

春去

范道瞻

天涯留滯豈忘歸？過眼櫻鵑未忍違；春色自來還自去，隔簾紅雨落花飛。

註：李賀詩：桃花亂落如紅雨。

阮郎歸・接奉《詩詞之友》喜賦

闞家蓂

《詩詞之友》駐新邦。詩朋吟詠長。松花搖影墨池香。玉虬天外航。　親麗句，興飛揚。高歌任簡狂。染雲鏤月篆華章。瑤編迎九光。

畫堂春・寄西溪涵天樓主錢明鏘詞長

闞家蓂

涵天樓外水天長，卿雲縵繞虹梁。文軒日暖曾徜徉。汗簡飄香。　一別西溪五載，蘆花入夢飛揚。詩壇秋雪醉流觴。待我歸航。

註：西溪蘆荻，入秋後蘆花盛開，狀似飄雪，稱「西溪秋雪」。

血管分流手術後有感

許翼雲

五脈壅瘀能致命，名醫妙手技超群。
開胸續管華陀羨，繞道通流扁鵲驚。
幸有賢妻勤護理，常多老友善關心。
親朋勗勉由衷感，自在安和惜寸陰。

台灣因貪污案引起政治風暴感懷

不晚齋

爲人品德最優先，執政尤須效昔賢；
可嘆貪污能舞法，雖尊民主也徒然。

貪之害

王照光

自古談秦皆唾棄，爲何偏愛倍推崇；
貪污枉法違綱紀，傲慢胡言騙嫗翁。
弊案幾宗天地變，危機四伏浪濤沖；
炙親霸道疏王道，譽毀身焚悔不窮。

度假詞兩首

周涓

江城子．作客小城凱格瑞（Calgary, Canada）

凱城六月早春遲，雨絲絲，潤新枝。春寒料峭，瑟縮賞清姿。各色丁香濃鬱鬱，迎遠客，喜相知。　弓河環繞惜情痴，計無施，自凝思。悠悠春水，浣滌舊瑕疵。野草野花鋪兩岸，柔韌韌，順天時

行香子．班芙（Banff, Canada）山水

徐疾駛行，暇接青峰。落磯山、雄偉娉婷。煙嵐繚繞，深縱連橫。嘆白雲潔，濃雲密，浮雲輕。　潺潺澗水，窄素寬清。露依湖、國色天成。碧空映底，峭壁瀠瀠。更忽而暗，忽而亮，忽而澄。

觀友人竹戰遊戲有感二首

孔傅靜珍

一、閒來事少築方城，唏哩嘩啦砌壘聲，
但見東西南北碰，鹿歸誰手各相爭。

二、精神凝聚守方城，萬索筒中起砲聲。
下手和牌清一色，你輸他勝特傷情。

註：竹戰即打麻將牌，又稱方城之戰。

贊大安區公所[1]

沈　敏

不知悔改將如何[2]，寶島弊端大見多。
惟有大安效率好，公民一致同高歌。

註一：赴大安區公所辦理國民身分證，五分鐘即辦出，效率之高，中外罕見。
註二：陳水扁不願下台。

聽講楚辭有感

凌國治

投江屈子千秋恨，後世年年弔汨羅。
自古忠貞終歹命，今朝請看又如何？

平仄之聲

張暢繁

浮聲實響活詩篇，如坐幽篁聽兩泉。
跌宕高低船逐浪，抑揚頓挫指臨弦。
平多仄少催人睡，仄盛平虛使腦旋。
兩者調和能悅耳，思維意境受牽連。

作　詩

張暢繁

作詩無定式，格調務清新。
寫景如描畫，擬情要入神。
題材明既實，意境活而真。
不必深詞句，平凡更引人。

贈指畫龔乃昌大師二首

史固華

一、技藝丹青新進日，精研指繪已成痴；
畫壇尊號龔夫子，譽滿中西一代師。

二、耆年活力在身心，自立自強石化金；
長壽健康宜快樂，往來良友慶知音。

傲霜枝

崇啟鎮

行吟澤畔欲何之，歸去東籬時未遲。
一葉一花情總繫，錚錚更有傲霜枝。

雷雨夜

靜遠

夜聞車爆起巴京，造物唏噓憐有情。
激電穿空宵變晝，奔雷砸地魄驚聲。
丰隆駕雨沖高壟，魑魅旋風破舊塋，
天怒人間多武鬥，故施神力警蒼生。

註：有情：佛家語喻生靈。巴京：巴格達。丰隆：雲神。

夏日

靜遠

幽徑多桉櫟，游絲戲墜埃。
鳴蟬知蝶意，猶迓故人來。

第六十七期

臺灣司法不能獨立，引起政治亂象有感

不晚齋

民主有名實獨裁，制衡無力至堪哀。
貪腐橫行人品賤，羞言我亦籍瀛臺。

夜靜聞蛩吟有感

范道瞻

蛩吟如訴復如悲，夜靜天涯夢醒時。
恍似故山窗下聽，遠遊今已鬢成絲。

滿庭芳・賀全治學長九秩大慶壽宴並柬與會諸學長

闞家蓂

九度添籌，人間至寶，群英祝壽稱觴。風雲席上，珠履競排行。袖拂金尊串飲，齊歡唱，聲繞華堂。笙歌罷，簪花燭影，「求是」自成幫。　想當年負笈，青燈夜雨，鼓篋擔囊。縱鶉衣破屐，壯志遐方。手摘星辰渡海，衝霄漢，我武維揚。鷗盟聚，瓊林玉樹，相與共翱翔。

註：「求是」為浙大校訓，有人戲稱為「求是」幫。

讀暢繁先生網路詩因賦長句相贈

陳新雄

網上珠璣眼底陳。驚呼真可筆傳神。
共誰交臂論今古，與子投緣說路津。
白雪原爲高格調，騷壇欣見舊璘珣。
相從傾蓋情難已，擊玉敲金自足珍。

酬陳新雄國學大師詩

張暢繁

步〈讀暢繁先生網路詩因賦長句相贈〉原韻

學問名聲已足陳，詩文寫作筆如神。
騷壇雅詠吟清韻，課室專題點要津。
幽默健談驚四座，長詞短句耀瑰珣。
同窗共舍應曾識，白髮相逢倍可珍。

阿斯塔娜古墓

張暢繁

飛沙千載積塵堆，墓穴雙屍沒變灰。
飾物容顏非本地，牆圖卉鳥似南陲。
地乾氣熱軀仍保，雨少蟲稀體未摧。
宋祖唐宗皆化土，惟君伉儷尚相陪。

註：阿斯塔娜古墓位于新疆吐魯番東南二十八哩外。
借一「支」韻。

自題臨摹板橋蘭竹

凌國治

格高香自遠，骨梗節彌堅。
日沐煙霞潤，人間天上仙。

孫兒沈茂林留學英美來台探親

沈 敏

沈家世系出吳興，茂竹修長日日青。
林密百花皆勃發，健康愉快覺心清。

人月圓（仄韻）・中秋夜

周 涓

月昇雲霽輝光灑，天地何清雅。海平山靜，殷音蘊韻，輕吐勻納。　木犀香遠，黃花蕊嫩，心氣和洽。恍然秋籟醒長夜，古今兮佳話。

月當窗・兒歌

周 涓

月兒高照，滿天星星小。又大又圓又亮，這麼近、和我談笑。
你好！學會了，工夫呱呱叫！展翅衝天飛上，一眨眼、進你懷抱。

月當窗・童心

周 涓

二〇〇六年中秋節 七十一自壽

注凝窗外，月圓明千載。照我古稀童稚，勤學練、人見人愛。
痛快！刮目待！人小珠光在。淘氣怡然性善，誠奉獻、歲歲康泰。

未寒三首

王顏鑄

一、未寒天氣已蕭蕭，大道格蘭夜曲調。
風起玉宮同悵望，浪斜濁水共飄搖。
可憐珠翠顆顆滿，寧抵雲翹步步嬌！
誰泥上皇傾孽海？從教腐鼠弄悲潮？

註：雲翹：漢樂舞名。腐鼠：比喻庸俗妄人所珍視的賤物；從前多指官職、名位；語出《莊子，秋水》

二、風雨東南一片天，三朝蔣李固皇權。
欣然農戶頻稱子，嗟歎公民半釋鉛！
兩彈橫行成沸鼎，幾家縱論暖寒蟬！
空言夢冷啼難喚，何事秋深月未圓？

三、東風不展逆風伸，勞者悽悽憶故人。
朝市豈憂陵谷路？銅駝應灑渭城塵。
卡奴有淚沉舟畔，金主無心病樹春。
煙白五湖猶苦怨，霞紅百草更悲辛。

富士山記行（俳句）

劉平和

一、西出東京都，梅雨谿巒景漸殊，憑誰問五湖。

二、鐵路織如梭，驛站程程行止多，夏意遍村阿。

三、富士久聞名，夜雨晨嵐忽放晴，一嶽對人瑩。

四、勻稱本天成，湖光倒影亦晶晶，峰頂雪仍盈。

五、朝行徑蜿蜒，隨興登臨看大千，風吹六月天。
六、攀山季未開，神遊遂古騁思懷，洪荒十地霾。
七、徜徉黝石邊，紫黑雄坡聳面前，宇宙欲何宣。
八、火山熄以喑，熔岩冷處木爲林，物類各甘歆。
九、一爆斷蒼生，從來穠聚賴和平，富嶽理分明。
十、別時揮手殷，此行來去感乾坤，天邊一片雲。

憶江南四首・懷念康橋（上） 林佩娟

一、黌舍麗，輝燦立河沿。五百年培英育秀，廿三院學子勤研，傳統智薪延。
二、康河媚，跨水七橋妍。數學精工純木構，麗兒雕石耐時堅，嘆息傲芳年。
三、春訊到，風蕩綠波旋。雙手撐篙舟似燕，七橋穿洞柳凝煙，倒影泛雲天。
四、長日永，夏晚亮難眠。驕日流連城不夜，稚兒餵鴨戲河邊，似夢子情牽。

註：七橋中最令人難忘的是 Mathematical Bridge, Clare Bridge, Bridge of Sighs. 數學橋是全木橋，不用一根鐵釘，麗兒橋建于十七世紀，是石橋，嘆息橋 是唯一上下封閉的橋（covered bridge）美輪美奐。

九九反貪哀台灣

王照光

九九反貪動地來，萬方怒吼響如雷。
滿箱珠寶憑誰借，百姓脂膏被汝摧。
佞宦近親皆富貴，殍尸燒炭最悲哀。
可憐天子心腸硬，猶說斯民不愛臺。

許家大團聚（對聯）

許翼雲

百年離亂聚安，苦甘頻轉，常遵暨翕堂箴，雁渡千山不分散；
三代桂蘭松柏，華實互彰，謹記謙和祖德，枝延萬里齊吐芳。

哀廢園

許翼雲

樓臺不繕邀蟲蠹，落盡繁華空自傷。
摧朽罡風夷鳳閣，覓途孤鷲伴斜陽。

註：以上依次詠李宋扁馬四人。

第六十八期

有感

范道瞻

勳業文章願未酬，偶憑歸夢到神州；
河山豈為興亡改，秋月春花去不留。

聽沈葆老師精述漢學典故及詩詞講演

不晚齋

中華文化五千年，代有傳人繼昔賢；
漢學當今天下熱，美京沈氏著先鞭。

浣溪沙・寄佩娟詩友

闞家蓂

紅葉西風迎九秋，遙天煙鎖暮雲稠，
詩懷蕭瑟動離愁。夢冷狐堂丹桂老，
倚窗暖酒寫煩憂，何時茗串賦登樓。

註：狐堂（Fox Chapel）區名，為舍間所在地。

華府中文學校二十周年校慶獻詞（五古）

劉平和

金菊正含艷，丹桂又飄香。華府斯黌宇，
氣氛更軒昂。五戶開基業，廿載紹其昌。
化育原無類，教學各有方。宏願如煦照，
胼胝逾尋常。回看歲月跡，衷懷有所償。

勖勉未來路，蹈厲知發揚。語文乃首要，
教材未怠荒。活潑兼實用，說聽讀寫強。
電腦融作業，拼音納課堂。漢字識多體，
學測備津梁。大學先修科，或爲明日綱。
主流在胸臆，接軌助翺翔。畢業依制度，
按步循規章。文化民俗課，自始亦昭彰。
武術棋書畫，舞蹈影視光。扯鈴手工藝，
濟濟復洋洋。體育連競賽，龍舟每輝煌。
文武可雙全，品學盼兼良。前程何雄遠，
士子鵬翼張。百年樹人計，任重而道長。
展望新世紀，欣慰且誠惶。幸由群策力，
靡往不鋒芒。躬今逢校慶，祝福以稱觴。

註：學測指中文 SAT II.

七律兩首

張暢繁

一、李商隱「錦瑟」詩之我見[一]

義山以瑟比華年[二]，每段人生一柱弦；
曉夢少年迷物我[三]，濃情弱冠表心田。
翻波愛海心垂淚，鼓舞情懷玉化煙；
意識當時偏未覺，重溫舊夢憶猶鮮。

註一：李商隱『錦瑟』詩，其真實含義，歷來詩家解釋不一。拙詩僅為一己之見，供讀者參考而已。

註二：李商隱字義山，又號玉谿生。

註三：相當於愛力臣 (Erickson) 人生八階段中之『認同對角色混亂』。(identity versus role confusion)

二、情為何物

情爲何物有誰知，化解精研總不宜；
曲徑幽深逢異景，沙途悶熱蒞清池。
心神恍惚言行變，腦海縈迴睡夢思；
矚目花枝皆燦爛，兩情相悅樂忘時。

註：元好問《摸魚兒》：問世間情是何物，直教生死相許。

秋色橫空・點染　周涓

秋葉玲瓏，舞朝霞化蝶，暮靄成龍。揮毫一蘸枝頭點，橙緋沁暈豐容。塗黃淡，潑赭濃。大寫意、寥寥輕巧工。遍野層林盡染，萬紫千紅。

霜露潤霑適中。蛬機知金調，切切和衷。遞傳畫訊南飛去，鴻雁整隊橫空。心香溢，氣蘊通。弄此景、年年妝趣同。美不勝收兮，銘造化功。

現代詞・萬古長河浪淘沙　許翼雲

羅馬兵團今何在？漢唐宮闕已成灰。
說甚，存亡興廢，榮華富貴。
盡被萬古長河波濤摧。
儒道哲理，雅典智慧，基督博愛，佛祖慈悲。
贏得百世承傳，兆民依歸。

先賢遺教如圭，
又經長河磨洗。
更見，晶瑩耀目，萬古生輝。

憶中秋返鄉與親族團聚

史固華

一、鬢衰米壽逢秋夜，萬里歸鄉對月明，
舊業已隨征戰盡，欣看後輩愛前程。

二、月到中秋分外明，家人團聚慶昇平；
喜逢佳節忘年老，冀望族群得再迎。

聽台灣作曲家新作發表演唱

張彬煜

歌壇寶島有菁英，作曲專才蒞美京。
曲藝直追唐樂府，詞佳引動故鄉情。
歌喉婉轉傳心意，交響和弦起共鳴。
雅集鄉親迎盛事，知音頷手慶新聲。

秋日感懷（新韻）

阮葉錦翟

一、月色秋光冷畫屏，菱花難掩白頭新；
幸有兒孫皆孝順，聊安寂寞獨弦人。

二、成林紅葉天邊現，暑氣全消寒意深；
孝順女兒體我意，衷心日日感天恩。

七絕二首（新韻）

張文蔚

一、金秋

秋空氣爽雲飄渺，雁陣南飛叫不停；
老況休閑心境樂，人間世界大千情。

二、田野人生

屋前湖畔花爭放，右有農莊引陌阡；
堪羨淵明寧採菊，優游歲月愛田園。

秋林

徐今白

秋深秋意濃，楓葉霎時紅；
天孫天錦降，斑斕映晴空。

憶江南．懷念康橋（下）

林佩娟

五、秋焰會[三]，煙火耀星空；草地河干人眾湧，狂歌笑舞焰光紅，喜樂市民同。

六、寒宵寂，燈下篋書陳；鄰室幼兒酣睡夢，今朝親子樂天倫，閱讀倍精神。

七、人守舊，教授宴高台[四]；醉後狂言輕女相[五]，尊前怎可亂評摧，貶抑女中才。

八、空憶念，何日再重遊？雲彩西天揮不去[六]，光陰碧水競長流，難覓舊朋儔[七]。

註三：Bonfire，據說與歷史上一狂徒縱火焚英議院大樓事件有關。

註四：High table，學院的晚餐，學生坐台下，教授貴賓坐台上。台下不喝酒，吃完就先散了；台上酒菜豐盛，有時不醉不散。五、鐵腕女相，撒徹夫人。英國極端重男輕女。撒徹夫人當年膺選實歸功於她的超人才幹。六、徐志摩的「再別康橋」有「我揮一揮衣袖，不帶走一片雲彩」。七、舊交都已離開，有些已不知去向。

第六十九期

臘月時見高溫七十度有感　不晚齋

全球暖化不平常，兩極冰溶泛海洋；
天時破壞無人管，行見人群遘大殃！

註：人類工業活動，產生過量二氧化碳而影響氣候變化，雖有聯合國「京都議定書」之規範，但未見嚴格執行殊為可惜！

臨江仙・致《世界漢詩》　闞家蓂

《世界漢詩》飛世界，仙姿綽約堪誇。浮空跨海展風華。雲裳披麗日，衣帶繫虹霞。

萬國九洲多碩彥，墨痕題句清嘉。唐音雅韻繞天涯，騷壇開一代，李杜入千家，

虞美人・落花　張暢繁

殘紅片片飄輕絮，蜂蝶紛離去。千嬌憔悴互依偎，怎耐暴風狂雨競侵摧。

舊時燦爛應難再，花事誰能改？明春又是一番新，嫩綠枝頭吐艷沐香塵。

初冬有感　張暢繁

黃葉霜凝落露臺，疏林霧罩色呈灰。
青松遇冷枝仍茁，翠柏逢冬勢不頹。
眾鳥驚寒離北走，孤鴉耐凍喚春回。
狂飆未倒知堅木，風雪依然故友來。

張熙懷檢察官禮讚（七古）

陳新雄

頂天立地張熙懷。真理正義巧安排。
貪腐政權無可恕，紅衫百萬早滿街。
竭力陳辭斥無恥。國人痛苦扁家喜。
人間地獄久已成，攜老牽幼全家死。
正義之聲聲方揚。綠黨打擊遍風霜。
八百餘位檢察官，萬眾一心正義張。
全民公道竟何在？扁家貪腐猶不改。
府邸同傳貪無厭，慾壑深深深如海。
請君堅舉正義刀。面對國人稱英豪。
司法獨立青史名，何人能與君爭高。

福特總統哀榮

劉平和

國會廳中事跡溫，密州墳側館園尊。
非經選票贏權位，爲止瞞傷赦水門。
越戰當年餘夢魘，美京是處斷乾坤。
公私福壽憑天意，樸質無華雨後暾。

註：福特總統葬於密西根州 Grand Rapids 市。

觀網路版時代雜誌年度回顧

劉平和

時代刊回顧，年殘網路明。
琳琅呈世界，擾攘駭心情。
扁府沾多事，醜聞排五名。
桃符何處有，掩目欲吞聲。

註：美國《時代》雜誌就二十五類事物各選出二〇〇六年度之世界前十名，陳水扁總統在醜聞類中名居第五。

讀杜詩有感（七律）

王顏鑄

野老吞聲曲水流，如今家恨入邦愁。
清輝隻影殘更月，玉臂寒宵斷草秋。
潦倒河山同飲泣，飛騰官買笑兼收。
青雲不廢千年筆，白髮相忘一釣舟。

註：官買即官僚買辦

秋盡笛聲

王顏鑄

秋盡他鄉故月明，更堪西曲斷腸聲！
落梅折柳空追憶，何處今宵是洛城？

訪哥斯達利加有感

許翼雲

小邦廢武[一]求安定，惜命眾生相處寧[二]。
但願列強多效法，人間早日慶昇平。

註一：哥國自一九四八年起即廢除軍備，將軍費用於教育。
註二：哥國舉國均重視生態及環境保育。

叢林天籟[一]

許翼雲

沉睡叢林長夜靜，平明天地又清新。
猿猴江外相呼急，鳥雀林中對語頻。
忽去忽來敲葉雨，時強時弱鼓潮音。
偷閑或可忙中得，天籟仍須靜裡尋。

註一：哥國沿海有大河，兩岸叢林，闢為國家公園，以保持生態

一剪梅兩首

周涓

一、二〇〇七年暢想

落盡紅芳白雪飄，聖誕香檳，元旦醇醪。與時俱進馭韶光，壯志虔心，實幹勤勞。學習「論文」[一]深演繹[二]。節節鑽研，字字推敲。意平氣順鑄光明，敦睦垂成，和樂功高。

註一：「論文」，指《嚴新生命科技論文學習探索文集》第一一四卷。

註二：繹演，抽絲般地傳布推衍。梁啟超《中國學術思想變遷之大勢．近世之學術．第三節》：「由此（表）觀之，本朝二百年之學術，實取前此二千年之學術，倒影而繹演之，如剝春筍，愈剝而愈近裏，如啖甘蔗，愈啖而愈有味。」

二、本命年心聲

丁亥金豬本命年，荳蔻前天，黃髮今天。曾經亂世歷酸甜，痛過千般，喜獲千般。滿眼春光山外山，昂首登攀，步步登攀。少年心態共誰談，舊雨同甘，新友同甘。

秋葉情

凌國治

秋風颯颯葉離枝，上下迴旋妙舞姿；
莫是天孫投碎錦，幾疑群蝶秀[一]羅衣。
因風會想馳雲戲，弱質難臻乏力支；
回首故園思故侶，疏椏斜顫儘依依。

註一：秀，義同今語展示。

賀詩友史固華耆宿《雪泥鴻爪九十春》大著問世

曾 振

寄跡他鄉九十春，征程萬里憶茹辛；
胸羅八斗詩歌賦，一帙瑤編傲世人。

奉答曾振博士在報上贈詩

史固華

曾君天馬多才學，振鐸杏壇教有方；
知我雪泥鴻爪意，鄉關和夢入篇章。

讀尹紀穎女士《輕歌曼舞滿人間》有感

史固華

一、笑語歡聲度晚年，中心耆老樂陶然；
恍似一家親骨肉，異邦團聚有前緣。

二、打球歌舞心神暢，服務爲人我領先。
中式午餐情不盡，下回重聚待春天。

註：中心指馬州洛城老人中心。

鄰家有女初長成（現代詞）

明道廣

牛仔褲，露臍肚，濃妝艷抹學妍婦。拿手機，
穿高屐。金髮飄飛，跑車奔疾。急！急！急！
媚藍目，胸高凸，童心未泯貌成熟。口似蜜，
身婷立。撒起嬌來，嗲聲柔氣。
你！你！你！

聞華府郵報停刊

張彬煜

華郵昔日啓先河，信達持公雅事多。
僑界心聲留紀念，知音忍淚譜驪歌。

奉和范道瞻師《有感》元玉

林佩娟

盡瘁忠心夙願酬，憂民獻策護神州。
詩文坐領騷壇久，亮節高輩譽自留。

附：范公《有感》原詩：勳業文章願未酬，偶憑歸夢到神州；河山豈為興亡改，秋月春花去不留。

第七十期

華人王又曾及高山兩大貪污案震驚僑界有感

不晚齋

管理金規繫制衡，為何兩岸不如人；
濫權枉法循私慾，遂致人間不太平。

註：王又曾為台北力霸集團總裁，貪污逾億美金後逃美；高山為中國銀行黑龍江省分行哈爾濱河松街支行主任，貪污逾億美金後，逃往加拿大。

幽徑

范道瞻

幽徑連村路，輕車日往還；
泉聲常亂雨，雲氣忽移山。
石白誰知味，松青不改顏，
異鄉原暫寄，休待鬢毛斑。

註：古仙人有餐石法。

憶江南・歲次丁亥元日致金豬

闞家蓂

一、金豬好，丁亥接新年。柏葉椒花春意暖，辛盤滿盛舊家筵。萬戶柳生煙。

二、金豬好，欲界[一]少悲情。宰豕蒸豚烹酒食[二]，朱門豪宴醉杯傾。來世莫爲牲。

三、金豬好，祈汝返深山。野水岸邊泥淖躺，和煙和雨出塵寰。伴月享天年。

註：一、欲界：佛家語。二、食：音寺。論語「有酒食，先生饌」。

丁亥新春有懷履安

陳新雄

年前初謁子，云道未安眠。欲獻野人曝，
無能百舌詮。今來美洲地，白雪滿庭園。
奇寒無去處，咳嗽亦纏綿。以我自身苦，
更歎子誰憐。憶昔初逢日，一斗溢香煙。
翩翩佳公子，瀟灑若飛仙。飄緲出群宇，

沁人肺腑編。相敬股投地，至今尚依然。
定交五十載，情深誼益堅。冬寒雖云苦，
春暖亦相連。願葆千金體，重聳作詩肩。

詩人朗非羅誕辰

劉平和

故寓吾曾靜靜過，庭窗椅案感吟哦。
馳書字句留清韻，運筆才華湧巨波。
兩百周年無紀念，三千淞雪皓山河。
誠知對景能瀟灑，詩國風光別樣多。

註：美國詩人 Longfellow，一八〇七年二月二十七日生，其百年誕辰曾為盛事，今兩百年生辰殆已無人紀念，而淞雪則晶瑩甚。

股市崩跌側記

劉平和

泡沫緣何破，市場多怨哀。
指標高萬點，跌勢惑三才。
貧富謀居業，榮枯畏劫災。
青山存體魄，勤儉可生財。

臨江仙・輪替

張暢繁

百歲年華終有限，蒼生輪替無窮，來來往往太匆匆。行程人各異，終點總相同。落葉殘枝盈萬代，循環順應時空。爲人爲己亦爲公。勿嫌微力薄，涓滴水流東。

殘冬大雪

張暢繁

疏林昨日鳥初鳴，今早橫空雪又傾；
遮掩樓房封大地，敷凝禿樹蓋灰坪。
冬威未減天仍冷，春訊遲來跡欠明；
等得冰溶枝轉綠，含苞待放聽新聲。

賀文蔚、雲卿兄嫂得孫之禧

許翼雲、蔣孝瑛仝賀

古稀歡慶弄孫樂，佳訊傳來喜滿堂；
親友舉杯同祝禱，鈞鴻聰敏又安康。

讀固華詞長文集有感

許翼雲

弱冠離鄉因反日，播遷萬里似飄蓬。
魂牽東北長城外，氣壯西南烽火中。
悲憤化爲仇愾志，高才用作復興功；
一生甘苦多姿采，俯仰無虧對列宗。

絕句三首

李學遠

一、乘海船

浩浩蒼穹罩海圓，環眸兀自頂中天；
輪機獨唱繁囂靜，世界原來一眼穿。

二、釣　蟹

海濱釣蟹宜清早，雞腿鮮肥繫線梢；
應笑橫行貪食客，佳肴緊抱變佳肴。

三、沙灘海浪

萬馬奔騰疾，危崖迎面立；
金沙細且柔，敢令狂滔息。

九十一歲生日感懷

史固華

一、人生九十古來稀，九十如今不足奇。
請問延年長壽者，上蒼安置到期頤。

二、兒女孝賢諸事全，童顏白髮笑談喧；
松柏長青春永在，信誠基督度餘年。

喜遷鶯・包餃子過年

明道廣

你和麵，俺拈皮。談笑忘包齊。新朋舊友感情怡。不覺歲將離。白菜雞，黃韭肉，餃子鮮、食沒夠。良辰美景更為稀。無奈斗星移。

賀文蔚、雲卿新添長孫

劉秀群

晴空千里掠飛鴻，摯友同懽情意濃；
華府花開春在望，弄璋之樂樂無窮。

與友小聚

劉秀群

天朗臘梅香，清風拂綺窗。
南星安置妥，程序演推詳。
談笑多文彩，懽聲伴雀張；
黃昏無限好，日落最情長。

註：南星即南極星中文軟件，翼雲、孝瑛所授。雀指麻將。

七絕二首

王顏鑄

一、梅花圖

數九寒天二月梅，紅紗麗影暗香催。
圖中不覺身爲客，夢裡春風去復回。

二、花季

兩岸夭桃幾著花？春潮宿雨各天涯。
焰霞如夢千山外，何處浮雲暗白沙？

題賀德榮女士百蝶牡丹圖

孔令和

含笑牡丹百蝶飛，逍遙花下渾忘歸；
多才女士揮金筆，留下春光映日暉。

捐贈山東曲阜慈善機構有感

孔令和

塵緣未了落他邦，心卻留情在故鄉；
涓涓心意何須道，浩浩祖恩日月長。

桃花源

靜遠

陶公嚮往清虛地，後世尋蹤飾舊痕；
籬舍桃林疑昔日，源頭石洞導仙村。
詩心作記哀秦亂，琴韻盈空警漢魂；
休問漁人真去處，曲濱紅瓣續留存。

註：現今湖南省武陵縣之桃花源乃為游客而設，亭台迴廊尚有樂女撫琴其中。

第七十一期

維州科技大學校園槍殺慘案感懷

不晚齋

武力推崇啓禍端，校園屠殺至心寒；
禁槍買賣宜思考，博愛寬容舉世安！

維州校園慘案書感

劉平和

一、哀矜

偏妄成凶煞，上庠驚血沱。
心醫疏導寡，槍彈市場多。
文化宜均潤，族群堪共和。
哀矜祈福慧，止痛療傷痾。

二、亞裔

亞裔誠模範，時聞子弟優。
望龍望鸞鳳，熬夏熬冬秋。
德智雖常勝，體群安可休。
焦煩需善解，莫任火山遒。

三、師殉

早年遭納粹，近歲授工程。
校內槍聲起，堂前膽識盈。
身單守門死，課眾跳窗生。
所救青衿子，人人涕淚橫。

註：七十六歲工程教授 Liviu Librescu 捨己救學生。

北投山寺

范道瞻

古寺依山半，聞鐘路幾層；
峰高難度鳥，雲住不離僧。

滿庭芳・賀母校浙江大學一百十週年華誕

闕家蓂

綠染蘇堤，風翻柳浪，歸潮醉拍錢塘。參差樓閣，黌舍沐春陽。十里玉泉[一]皎徹，傳清韻、絳帳飄揚。登雲路，青衿入泮，「求是[二]」閃靈光。追思逃倭寇，烽煙八載，六度星霜。幸花開翰苑，桃李成行。新圃盈枝翠實，依甘露、艷冠群芳。虹霓現，歡呼誕慶，日月昊天長。

註：一、玉泉為浙大校本部所在地。
　　二、求是書院為浙大前身，今求是為校訓。

定風波・問候雨盦近況

（用山谷晚歲監州聞荔支韻）

陳新雄

今歲相看病不支。寒霜露結壓蘭枝。祈望先生休厭歇。無絕。孤芳尚有再開時。　昔日隨君同席坐。容過。共栽桃李久纍纍。不負淩雲眉莫皺。還瘦。春來百卉盡香肌。

華府春暖復懷雨盦

陳新雄

櫻花謝後牡丹妍。一意翻騰到爾邊。
昔日多情懷酒伴，今朝纏病少安眠。
可將電位治療器，移作強身固本泉。
尚望持恒勤莫懈，歸來同聳作詩肩。

浪淘沙・迎春

張暢繁

寒氣變薰風，嫩蕾迎逢。水仙破土別嚴冬。
百媚千嬌花鬥麗，引蝶招蜂。春意鬧芳叢
*，燦爛從容。浮生歡聚幾回重！流水落花
無奈事，開放心胸。

*宋祁《玉樓春》：紅杏枝頭春意鬧。

陽春白雪

張暢繁

陽春夜半換新裳，早起憑窗見雪妝；
櫻絮飄零添乳白，紫荊初放染微霜。
反常季候花難適，冷暖情懷客更傷；
風雨陰晴誰可料，人間善惡費思量。

註：今年（二〇〇七）四月華府附近突然天氣反常下雪。

二姐八六壽辰敬賀

許翼雲

慈孝雙全鄰里稱，鰈鶼相許越終生；
噓寒問暖扶昆季，克己無私待友朋。
「剛毅」*庭箴常記取，自強良策謹言行；
世間若有賢人榜，吾姐定當第一名。

*：父親贈二姐之箴言：「剛毅木訥」。

索車探雨林

許翼雲

懸舟一索渡叢蔭，低掠清溪高越林；
雨霽半空山滴翠，鶯鳴數囀谷傳音。
藤蘿垂蕩依喬木，禽獸優游戲樹陰；
萬物相容兼互助，無機原本應天心。

竹香子兩首

周　涓

一、海明威故居見竹

滿院貓兒嬉戲*，濃鬱樹陰密蔽。池邊忽見竹凌雲，撲面清涼氣。　無心抑或有意？料海翁，倜儻飄逸。紛紛擾擾百忙中，感應修篁魅力。

*海明威喜歡貓，他去世那年此院有十幾隻，現已有四十多隻了。

二、清誨*

破敗庭園荒廢，茂密竹叢獨翠。無心取悅任何人，有意迎豐歲。　途中偶或怨懟，碧葉前，仰接清誨。平心靜氣聚慈雲，頃刻祥和定慧。

*清誨：對人教誨的敬辭。

清明懷遠

劉平和

百囀禽梭處處痕，東君送暖潤疏村。
清明節候催幽夢，亞熱家鄉繫舊魂。
齋寺近溪尋樹靜，寶山臨海感濤奔。
每從天外懸思念，一炷心香繞曉昏。

浪淘沙・過烏江寄侄

李學遠

碧血濺姬容，騅嘯長空。生還只愧對江東。時不利兮空飲恨，失敗英雄。　雪暴復風從，絕巘青松。狂濤惡浪出驕龍。舉鼎還宜文采備，鷹拍長風。

寄居高雄四十年有感

史固華

客寄高雄四十霜，歸心日夜思松長；
移居更渡西洋去，卻望高雄似故鄉。

註：松長即松花江、長春。

智海苑渡假旅館

沈敏

智慧莫如般若深，海天遼闊水波平；
苑中草木通靈性，湖畔悠閑聆妙音。

花逝

王顏鑄

只住花間第一春，疑曾濕地散香辛。
分明琥珀愁中色，愧煞情牽種樹人。

丁亥四月

靜遠

時序遲更迭，寒枝綠尚輕；
回風飄夜雪，殘絮舞朝晴。
怯共冰魂守，喜聞棲鳥鳴；
新雷驚蟄過，萬象覺春生。

嶽麓書院

靜遠

千年學府讀書樓，異代絃歌互倡酬；
湘竹江洲晨翠滴，荷塘岳麓晚香浮。
憂時思古追前哲，講席回廊得暢遊；
莫嘆流光如水逝，春風化雨未曾休。

註：昔朱熹、王陽明皆曾在此講學，現屬湖南大學所有。

第七十二期

香港回歸十週年誌慶 不晚齋

回歸十載樂無涯，經濟相煇舉世誇；
一國開明行兩制，有容乃大賀中華！

月夜曇花盛開 范道瞻

藐姑仙子肌如雪，月上寒窗一現時；
識得此花清絕處，貞松空老萬年枝。

七七抗戰七十週年感賦二首 陳新雄

一、蘆溝當日鬥龍蛇。億萬生靈苦歎嗟。
陟彼屺岡無父老，變茲陵谷有姦邪。
三臺光復情何在？四島追隨事豈嘉。
最是無聊言本土，甘心屈膝舊皇家。

二、聖戰臺灣竟噤聲。爭趨四島認宗盟。
可悲人性俱泯滅，竟與讎家互送迎。
靖廟階前橫涕泗，蔣家堂上拆千旌。
忘恩負義真難說，一片傷心話不成。

江城子・振基湘媛結婚四十五週年詞以賀之
（用東坡鳳凰山下雨初晴韻）

陳新雄

美洲華府喜長晴。晚風清。火通明。伉儷情深相對笑盈盈。夜月團圞如玉鏡，原著意，映婷婷。　欣看雙手互調箏。訴衷情。枕邊聽。琴瑟和鳴依舊靠心靈。寶石鑲金同作伴，終不悔，眼常青。

紫薇

張暢繁

四月群芳爭艷麗，紫薇依舊著冬裝；
形同槁木蜂兒棄，貌若殘枝彩蝶忘。
春末才開花更燦，秋初未落瓣仍香；
無皮幹滑饒風骨，不與名花較短長。

註：紫薇（Crepe Myrtle）又名百日紅。

西江月・信

張暢繁

連日晨昏關注，今朝喜接華箋；知君不再受熬煎，快可吟詩赴宴。　割膽無傷壽命，身心當復如前；開懷莫讓俗情牽，少看牛頭馬面。

舊友重逢

許翼雲

舊日同窗矯似龍，白頭海上喜重逢；
躬腰握腕問安好，側耳高聲因聵聾。

有贈太極拳大師

劉平和

景候何晴遠，一碧多芳樹。
大駕中土來，僕僕風塵路。
橫越黃河水，更辭華山阜。
千里雲靄飛，大洋波萬畝。
國際換日線，聯航機上渡。
翩然抵美東，麗日猶未暮。
前次來傳藝，屈指九年數。
推廣太極拳，熱心仍如故。
因拳會宇內，風範堪欽慕。
武德以潤身，文化交流互。
技法已精湛，化境妙難訴。
武藝出名門，盛名果不負。
溫縣陳家鄉，源遠本流長。
悠悠四百載，庭訓總擅場。
新架承老架，套路每發揚。
旁通求經絡，祖法變陰陽。
柔時如綿絮，堅處似鐵鋼。
身手纏絲勁，見微識大方。
華府開教室，馬州闢課堂。
示範兼授藝，日夜特繁忙。
荏苒三旬過，學生各自強。
太極文武並，終爲世界光。
大師今返陝，書此以紀彰。
海天雖阻隔，遙祝久安康。

如夢令二首

周涓

一、鄭板橋

出仕爲民遺澤，書畫創新輝赫。精闢論糊塗，身體力行生色。難得，難得，今古怪才英特。

二、天真

即誦母詩陶染。驚愕嚎啕難宛。爲錯報年齡，非怯場而寒戰。心感，心感，幼女頂真誠坦。

溫暖人間

王照光

甫進醫門症似山，幾回征戰過危關；
今朝沐浴春風裏，大愛慈心滿兩間。

微風

李學遠

舒蕉傍牖語，鈴閣送輕悠。
沁鼻香荷隱，親膚細絹柔。
嵐移山渺渺，池皺月秋秋*。
自得天然趣，忘機隨白鷗。

*註：《荀子》中有「鳳凰秋秋」。「秋秋」喻跳動、舞姿。

南鄉子．種菜

李學遠

闢地後園西，滴翠新苗壯又齊。籬外探頭雙鹿過，驚奇！草地何時變菜畦？　鋤草夕陽低，檐下巢中幼鳥啼。松鼠輕彈蕉扇尾，嘻嘻！多久瓜黃豆莢肥？

訪舊

傅靜珍

（丁亥五月與外子憲鐸重訪香港科技大學）

蒼山翠谷波搖影，紅鳥銜宵映碧空。
好友相逢頻致意，紫荊依舊笑春風。

註：校門內有一大型振翅欲飛之紅鳥日晷，象徵科技起飛。

園中見

王顏鑄

春盡期來日，花開勝去年。
更聞新鳥語，猶覺舊巢鮮。

偶成

明道廣

落魄番邦五十載，棘荊滿徑運時乖；
光宗耀祖力難逞，老命幸存孫輩來。

尼加拉大瀑布

靜遠

長河盡處千尋落，倒海排雲聲勢洪；
夜炫彩光懸錦幕，朝迎水氣動涼風。
樓高極目川流小，舟近霑衣雨霧濛；
撫景欲求隨物化，牽情復墜旅塵中。

加拿大千島湖泛舟

靜遠

湖上晴風千島搖，半飄楓幟半星條；
比鄰隔岸遙相望，鷗鳥穿空不待邀。
松隱夏居人濟濟，冰封冬水葉寥寥；
優游信步忘歸路，船泊江皋幾度招。

春天的故事

渡　舟

殘月還戀著柳絲的嬌黃
朝陽升起在東方
聽鳥兒盡情歌唱

春風已吹綠宿草
吻遍夭桃
是眾芳喧嘩的季節了
花氣襲人，春愁如醉酒
難怪少年起身早

丫丫，她一點兒也不醜
回憶裏青梅竹馬

轉眼間人面如花
夢裏有著她，日裏想著她
趕明兒一定去她家

梁間雙燕語呢喃
寧羨鴛鴦不羨仙
長相護持長相守
拋卻了
單獨高飛的自由

第七十三期

題友人海天明月圖

范道瞻

滄海含珠淚，渾疑錦水波。
可憐今夜月，還照舊山河。

臨江仙・讀《詩詞浙大》有感

闞家蓂

一輯瑤編傳域外，《詩詞浙大》名揚。清新
俊逸散芬芳。染雲披麗句，鏤月顯瓊章。
四載寒窗如蝶夢，喜聞吟友回翔。同欽絳帳
御爐香。杏壇開後代，彩筆舞穹蒼。

次韻夢機寄懷

陳新雄

故人性情真，吟哦思在遠。臺灣我本根，
焉能去不返。憶昔同唱和，不知時已晚。
珠玉每相投，未嘗嫌駑蹇。歌詩亦所好，
佳篇常勸勉。今年來歸時，陪汝啜茗荈。

附：張夢機寄懷伯元美洲

故人游天涯，迢遞征駕遠。遍野叢菊開，
而汝仍不返。無客賡吟哦，寂寞秋已晚。
顧我命運差，浮生遭屯蹇。所嗜惟歌詩，
猶期就諷勉。相望久不歸，洗甌試茗荈。

阮郎歸・壽莊生命八八華誕

（用山谷黔中桃李可尋芳韻）

陳新雄

清泉綠綺可尋芳。調音歲月忙。群英喜聚到遐方。弦歌夢亦香。　南極老，解琴囊。陽春雪漲江。今逢米壽奏霓裳。橋邊春日長。

恭壽生命師八秩晉八華誕

傅靜珍

一、今朝逢米壽，醇酒賀生辰。
琴韻絲弦裡，春風化雨人。

二、欣逢華誕來相聚，不輟弦歌樂似仙。
美酒盈樽齊祝賀，康寧福壽歲綿綿。

詩友雅敘並宴波城司徒天正吟友紀盛

許翼雲

神交已久喜相逢，把臂歡然意氣同；
詩友論聲尋韻樂，舉杯共醉笑談中。

次韻翼雲詩友雅敘二首

陳新雄

一、佳朋今日喜相逢。詩教弘揚立意同。
客誦陰陽相對說，鏗鏘自在苦吟中。

二、風雅如今豈易逢。弘揚詩教此情同。
一吟一詠心相契，賓主歡聲滿座中。

和翼雲先生原玉

司徒天正

摘韻尋詩雅集逢，美京豪俊喜心同。
許公逸氣縱橫意，都在清詞麗句中。

步翼雲先生原韻

樊傑生

京華訪女偶相逢，居住雖遙思念同。
天正歌吟詩味雋，逃秦學者樂其中。

次韻翼雲社長詩友雅敘

傅靜珍

知音七海喜相逢，吟誦詩歌意氣同。
美酒佳餚歡笑裏，真如歸沐惠風中。

聽司徒天正先生論詩

劉平和

海外有朋來聚會，波城華府氣相通。
鏗鏘意味詩詞裏，吟唱情懷韻律中。
三仄行文宜互見，二平依調不全同。
聞君一席多增益，勝似全年開卷功。

武陵春・夕陽

張暢繁

獨倚危牆風未住，日暮泛紅光。碧海雲峰伴夕陽，海鳥樂飛翔。
滿目霞光明又現，永不失輝煌。半百生年髮若霜。心坦蕩，不徬徨。

樓臺怨

張暢繁

夜幕低垂鳥未還，伊人遠隔萬重山。
秋聲惹起離情怨，夜露沾濡白鬢顏。
遍倚樓臺驚日慢，幾經風雨惜緣慳。
爲君試譜相思曲，一韻初成淚已潸。

轉應曲二首

周涓

一、夢多海灘

棕櫚，棕櫚，熠熠迎風掞羽。潮歌汐舞橫波，翻花朵朵夢多。多夢，多夢，聊塞平生裂縫。

註：夢多海灘即 MYRTLE BEACH, SC.

二、詩情

開闊，開闊，碧海藍天蕩豁。濤聲遠近飛馳，三更底蘊賦詩。詩賦，詩賦，揮灑豪情幾度？

盧溝橋

劉平和

宛平城上炮痕獰，城外橋欄柱柱明。
數百石獅蒙辱在，全民義憤震天擎。
盧溝曉月昭今昔，氣節陵園貫死生。
紀念館中更何悟，富強先進是鵬程。

註：盧溝橋東有抗戰紀念館與烈士陵園，而盧溝曉月自古為燕京八景之。

次韻平和教授盧溝橋　陳新雄

當年日寇貌猙獰。砲擊盧溝彈跡明。
四億同胞齊力戰，一軍砥柱掌中擎。
山河寸寸得還失，士卒人人死復生。
八載龍蛇今鬥已，中華應可入雲程。

題小熊貓高臥圖（新韻）　凌國治

藍天貞氣淨，白絮往來閒。
熊寶無塵障，高枝載夢酣。

敬賀劉允中學長九十華誕　史固華

一、凱仁今日慶良辰，壽比南山九秩春。
　合唱切糕歡滿座，期頤重聚更精神。
二、兒孫才俊滿堂前，鶴髮童顏笑語喧。
　桑梓相偕齊到老，同窗清大說當年。

第七十四期

冬晴漫步

范道瞻

冬煦如春草木知，松陰吟望午晴時。
寒鷗入市來鄰海，饑鼠驚人竄別枝。
啜茗始知閒有味，成詩惟恨句無奇。
蕭條錦里角巾意，一寸鄉心兩鬢絲。

曼谷記行

不晚齋

老伴頭生皮膚癌，皆言絕症頗悲哀；
誰知曼谷看兒女，竟獲良醫去禍災。
我也便中療宿疾，人均欣羨笑顏開；
此行滿載回華府，佛國仁行永繫懷！

次韻翼雲社長詩友雅敘

闞家蓂

前來華府冀相逢，醉墨狂吟雅興同。
佳什清新飛逸韻，情牽詩友素心中。

浪淘沙・自嘲

闞家蓂

吾字若杈枒。枯影橫斜。松煙點染不生花。三折雙鉤何所配，亂綰秋蛇。　顏柳莫吁嗟。我自塗鴉。貓抓”抖體“有人誇。趙佶皇爺如在世，打板加枷。

註：余手抖，字如貓抓，友人戲稱為”抖體“，茲改舊作聊博一笑。

江神子・賀明道大學唐宋文學國際學術研討會

陳新雄

五千年史豈拋空。步芳蹤。氣如虹。明道揚輝，應振舊雄風。不信英聲從此杳，誰繼絕，我曹躬。　唐詩安雅宋詞工。鬱蔥蘢。響黃鐘。文學霞光，舊業換新容。欲覓知音何處是，清淨地，喜人同。

戎庵副社長挽詞

陳新雄

卅載相親挹露芬。歸來噩耗竟先聞。
落花冷月思風發，竹節梅香意久欣。
臺港和詩吟永夕，推敲論字憶停雲。
淒涼回首悲陳迹，宿草猶應有淚痕。

悼念王照光詞長

林佩娟

投筆從戎不解鞍，詩心劍膽挽狂瀾；
沙場浴血驅倭寇，邑里親民控惡官。
甘冒鋒稜追海瑞，弘揚正義效蘇翰；
返鄉興學捐心力，猶盼中華一統歡。

註：王照光先生抗戰期間曾率領游擊隊抵禦日軍，死而復生。勝利後任國大代表為民主持正義，不惜冒上，直書蔣總裁，控告地方惡官，大快人心。抵台後，忠於黨國，反對台獨。近年來在海南家鄉興學，不遺餘力。海瑞、蘇軾，皆為海南前賢。

鷓鴣天・夜窗聽雨

張暢繁

春雨連綿逐落英，殘紅燈下失鮮明；夜闌風疾飄絲亂，腦海縈迴夢未成。

長夜漫，緒難平。千言萬語向誰傾？愁雲恨雨無恒久，明日當聞燕語聲。

記憶

張暢繁

夢裡相逢幻似真，儀容依舊後生人；
暌違半世無緣聚，浪跡天涯乏善陳。
日月如梭斑鬢髮，肌膚起皺歷風塵；
驚聞噩耗傷長別，腦海留存竹馬親。

武夷山記遊二首

許翼雲

一、九曲溪飄流

九曲竹排順水流，翠巒列岸各春秋。
群峰競秀誰鰲首？少女臨波曲盡頭。

二、三賢祠

三賢祠下齊瞻拜，一鑑方塘雲影開；
如線珍珠聯串落，源頭活水九天來。

註：三賢祠下有方塘，石刻有"活源"二字與朱熹《觀書有感》詩若相符節，因作此詩。

轉應曲・夢多海灘度假即景

周涓

一、剎那間

雷電，雷電，雨暴風狂疾變。轟鳴浪捲沉沙，奔騰萬里碎花。花碎，花碎，雲破天開獻瑞。

二、霧

濃霧，濃霧，密鎖茫茫水路。朝陽撥散迷濛，徐徐駛駕順風。風順，風順，心氣平和玉潤。

七絕二首

李學遠

一、迪斯尼小小世界

四海笙歌一窟容，童聲稚舞樂融融。
輕舟慢蕩十年少，只嘆大同惟洞中！

二、題竹圖

勁節騷人尊以友，丰姿墨客賦其神。
山鄉賴有衣和食，還喜暑寒常著春。

秋色

孔傅靜珍

秋染寒山楓似火，青松翠柏滿林中。
抬頭北地南飛雁，白絮悠遊在碧空。

丁亥中秋夜

汪榮祖

滿地霜光若水流，塵封底事湧心頭；
當年望海疑無淚，晚歲觀山盡是秋；
天上日長何寂寞，人間路遠幾多愁；
今宵共賞團圓月，只恨良辰不滯留。

慶中秋

李少華

桃溪耆老慶中秋，兩百華人敘樂遊。
十七燈謎能取巧，嫦娥今日也低頭。

註：加州核桃溪即 WALNUT CREEK。

歡迎波城詩友司徒天正先生二首

張彬煜

一、遠來詩友喜相逢，逸興湍飛志趣同。
巧遇知音應共樂，溫情瀰漫笑談中。

註：步第七十三期嘗試集許翼雲兄大作原韻。

二、波城豪客是鄉親，錦口詩心一雅人；
識廣見高驚四座，主賓相慶席恆珍。

註：我是開平張橋人，司徒先生是開平赤崁人，兩地僅隔三十餘里。張橋人是唐詩人張九齡後代。張九齡七世孫張徹，是韓文公韓愈門生，娶韓氏女，故張橋人亦帶韓氏血統。

中秋與外子同賞月

葉詠琍

一輪明月湧當頭。萬里長空景色幽。
與子相攜今日樂，持螯賞菊興悠悠。

今秋患巴金森病有感

史固華

春去秋來跌倒頻，巴金森症頗傷神；
人生在世多災難，老病何堪又上身。

山西遊

夏曙芳

雲岡應縣五台山，票號祠堂木塔還；
古晉名城遊二度，中華勝跡戴頭冠。

嘗試集 第二卷 （四十一至七十四期）

作　　者：華府詩友社全體社友

編　　輯：本社編輯委員會
主　　編：盧濱峰
編　　委：陶端格 (榮譽編委) 劉平和 凌國治 周涓
顧　　問：范道瞻 闞家蓂 陳新雄 張暢繁 明道廣 高亦涵

責任編輯：許翼雲 林佩涓 張暢繁
榮譽社長：盧濱峰
社　　長：許翼雲，副社長 林佩娟
歷任社長：盧濱峰 劉平和 凌國治 周涓 明道廣 許翼雲

出版人及發行人：華府詩友社
<http//www.poetry-chinese.com>

印 刷 者：文史哲出版社
地址：臺灣臺北市100-74羅斯福路一段72巷4號
電話：886-2-2351-1028
出版日期：2008年3月初版

ISBN：978-957-549-764-4

國家圖書館出版品預行編目資料

嘗試集第二卷 / 華府詩友社編委會編. -- 初版. -- 臺北市：文史哲, 民 97.03
34,168 頁 21 公分
ISBN 978-957-549-764-4 (平裝)

851.486　　97001775